DICCIONARIO
de
NEURO
CIENCIAS
aplicadas a organizaciones y personas

Diseño de imágenes: Lucía Pérez Pozzan

Revisión final: Viviana Brunatto

Diseño de tapa: Juan Pablo Olivieri

Néstor Braidot

Con la colaboración especial de **Pablo A. Braidot Annecchini**

DICCIONARIO de NEURO CIENCIAS

aplicadas a organizaciones y personas

GRANICA

ARGENTINA - ESPAÑA - MÉXICO - CHILE - URUGUAY

© 2019 *by* Ediciones Granica S.A.

ARGENTINA
Ediciones Granica S.A.
Lavalle 1634 3° G / C1048AAN Buenos Aires, Argentina
granica.ar@granicaeditor.com
atencionaempresas@granicaeditor.com
Tel.: +54 (11) 4374-1456 Fax: +54 (11) 4373-0669

MÉXICO
Ediciones Granica México S.A. de C.V.
Calle Industria N° 82 - Colonia Nextengo - Delegación Azcapotzalco
Ciudad de México - C.P. 02070 México
granica.mx@granicaeditor.com
Tel.: +52 (55) 5360-1010. Fax: +52 (55) 5360-1100

URUGUAY
granica.uy@granicaeditor.com
Tel: +59 (82) 413-6195 FAX: +59 (82) 413-3042

CHILE
granica.cl@granicaeditor.com
Tel.: +56 2 8107455

ESPAÑA
granica.es@granicaeditor.com
Tel.: +34 (93) 635 4120

www.granicaeditor.com

ISBN 978-950-641-979-0

Hecho el depósito que marca la ley 11.723

Impreso en Argentina. *Printed in Argentina*

Braidot, Néstor Pedro
  Diccionario de neurociencias aplicadas a organizaciones y personas / Néstor Pedro Braidot. - 1a. ed. - Ciudad Autónoma de Buenos Aires : Granica, 2019.
  160 p. ; 23 x 17 cm.

  ISBN 978-950-641-979-0

  1. Diccionario. I. Título.
CDD 612.825

Dedicado a los alumnos del Instituto Braidot de Formación y a todas las personas que iluminan su vida y su profesión con los conocimientos sobre el cerebro.

Contenido

Introducción

Componer un diccionario relacionado con el funcionamiento cerebral en un lenguaje sencillo y accesible ha sido un trabajo arduo y, a la vez, muy placentero. Hemos recorrido un camino jalonado por la labor de bucear en todas las lecturas al alcance, en la experiencia acumulada y en la tarea compartida con un equipo de trabajo eficiente y comprometido con los objetivos a alcanzar.

De hecho, un diccionario es una obra que no puede encararse si no se ha transitado hondamente la materia. Además, el avance de las neurociencias y sus descubrimientos constantes hace que ninguna versión sea la definitiva, lo que convierte esta labor en un juego de conciencia del saber y, a la vez, de sabiduría en el reconocimiento de lo que falta.

La comprensión del funcionamiento del sistema nervioso, así como la relación de su anatomía con las emociones y la conducta, es un pilar fundamental para trabajar en pos del desarrollo de las capacidades cerebrales.

Las neurociencias nos abarcan, nos envuelven, nos atraviesan. Profesionales de todas las disciplinas abrevan en sus articulaciones y en sus avances.

En el ámbito de las ciencias económicas, las empresariales y las sociales, se hace foco en el estudio de la dinámica cerebral que subyace al liderazgo, la conducta, la comunicación, las relaciones interpersonales y la toma de decisiones dentro de una multiplicidad de campos, incluyendo las variaciones determinadas por las diferencias biológicas, socioculturales, ambientales, etcétera.

Se presenta aquí un detalle pormenorizado para recorrer este saber posmoderno de una forma sencilla, abierta a todas las personas y también al profesional, como material de consulta para su propio desempeño.

Partiendo de esta premisa, nuestra obra intenta cumplir una triple misión:

– Proporcionar conocimientos de base y, a su vez, complementarios de los diferentes programas de formación en neurociencias aplicadas al desarrollo de organizaciones y personas.
– Generar un material que permita a los interesados hallar rápidamente la información que necesitan.
– Contribuir a su mayor conocimiento sobre el funcionamiento del sistema nervioso, utilizando este diccionario como material de lectura y de consulta.

Queda invitado el lector a aportar nuevas ideas para el siguiente reto.

A
· · · · · · ·

Accidente cerebrovascular (ACV)

Alteración provocada cuando el flujo de sangre a una parte del cerebro se detiene. Estas situaciones se producen cuando los vasos se tapan o se rompen. En el primer caso, se trata de un ataque llamado infarto cerebral (isquemia). En cambio, si los vasos se rompen, producen un ataque cerebral hemorrágico.

Cualquiera de estas dos situaciones determina que las neuronas se debiliten o mueran, ya que son células muy sensibles a la falta de oxígeno.

Acetilcolina

Es el primer neurotransmisor descubierto. Las neuronas que lo utilizan se llaman colinérgicas y son muy importantes en el mecanismo de la memoria.

Tiene un rol esencial en la estimulación de los músculos (su déficit está relacionado con la enfermedad de Alzheimer) y también interviene en el sueño REM, que se caracteriza por movimientos oculares rápidos y la aparición de situaciones o imágenes atemporales y muchas veces estrafalarias.

Esta sustancia está ampliamente distribuida, tanto en el sistema nervioso central (SNC) como en el periférico (SNP). Al igual que otros neurotransmisores, interviene en la actividad sináptica; es decir, provoca acciones excitatorias y tiene un rol importante en el proceso de atención.

Su principal localización está en los ganglios basales, en la unión neuromuscular, en el SCN y el SNV (sistema nervioso vegetativo).

Las principales funciones de la acetilcolina son:

▸ Interviene en el proceso de plasticidad sináptica, junto con el glutamato, la noradrenalina, el GABA (ácido gamma-aminobutírico) y la dopamina, entre otros.

▸ Su rol en la consolidación de la memoria es fundamental, ya que para que esta se produzca son necesarios niveles bajos de acetilcolina durante la fase de sueño profundo. Cuando se duerme, la información que se encuentra en el hipocampo es enviada nuevamente a la corteza para que la almacene. Si los niveles de acetilcolina son altos, esta etapa se bloquea. La consolidación solo se produce cuando esos niveles descienden al mínimo.

▸ Es un neurotransmisor clave en el funcionamiento de las áreas de asociación del cerebro.

Ácido desoxirribonucleico (ADN, DNA en inglés)

Se encuentra en los seres humanos y en los demás organismos vivos: animales, plantas, e incluso en las bacterias y en los virus.

Cada molécula de ADN contiene la información genética que pasa de padres a hijos, generación tras generación.

Acceso directo
https://braidot.com/diccionario/qrp02

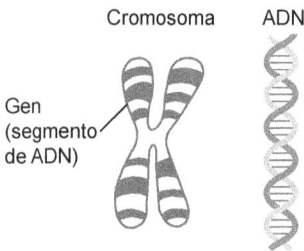

Cromosoma   ADN

Gen
(segmento
de ADN)

La posibilidad de leer la información contenida en el ADN implicó un salto gigantesco en el conocimiento del cerebro, en cuanto al rol de los genes en el desarrollo neurológico y en la plasticidad neuronal. También, como respuesta a varios de los interrogantes que las diferentes teorías sobre la evolución continúan teniendo abiertos.

Ácido glutámico (Véase glutamina.)

Ácido ribonucleico (ARN)

Molécula que cumple la función de copiar la información contenida en el ADN, para transportarla a las estructuras celulares encargadas de elaborar las distintas proteínas y formar, además, parte del proceso de producción de estas últimas.

El ácido nucleico participa en la síntesis de proteínas y cumple la función de mensajero de la información genética.

Existen tres tipos de ARN:

▸ *ARN mensajero (ARNm)*
Se origina al copiar un segmento del ADN que tiene la información para una determinada proteína (gen).
Cada ARNm contiene los datos para una proteína específica y existen tantos ARNm como tipos de proteínas posibles.

▸ *ARN de transferencia (ARNt)*
Interviene en la decodificación del mensaje. Cumple la función de "traductor" de la información genética.

▸ *ARN ribosómico (ARNr)*
Se une a las proteínas ribosómicas con la finalidad de constituir los ribosomas, estructuras localizadas en las células, que traducen la información contenida en el ARN mensajero.

ADHD
(Véase Déficit de atención e hiperactividad.)

Acceso directo
https://braidot.com/diccionario/qrp01

Adrenalina (Véase epinefrina.)

Adrenérgico

Sustancia química que provoca un efecto similar al de la adrenalina o noradrenalina.

Adrenocorticotropa (ACTH)

También conocida con el nombre de corticotrofina o corticotropina, es una hormona polipeptídica generada por la hipófisis, que estimula las glándulas suprarrenales.

Afagia

Ausencia completa de apetito. Se produce por lesiones en estructuras cerebrales, entre ellas, el hipotálamo lateral y parte de la sustancia negra.

Afasia

Pérdida de la capacidad de expresarse por medio del habla, de la escritura o por medio de otros signos. Pérdida de la comprensión del lenguaje hablado o escrito debido a una lesión cerebral y/o enfermedad del sistema nervioso.

Ubicación de las áreas de Broca y de Wernicke en el cerebro

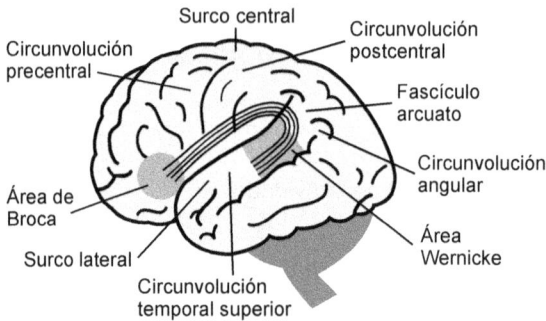

Tipos de afasia

▶ *Afasia motora (o de Broca)*
Se caracteriza por la imposibilidad de hablar con fluidez. La mayoría de los pacientes con afasia motora (tres cuartas partes de los pacientes, según datos de la OMS) presentan un déficit motor, más o menos grave, del hemicuerpo derecho.
Los estudios actuales de neuroimagen confirman la relación de la afasia de Broca con lesiones extensas que afectan el pie de la tercera circunvolución frontal del hemisferio izquierdo y áreas adyacentes; entre ellas, las áreas rolándicas de la región parietal y en profundidad, hasta los ganglios basales.

▶ *Afasia sensorial o de Wernicke*
El lenguaje presenta una articulación fluida, aunque con abundantes parafasias y un trastorno grave de la comprensión. Las parafasias alteran

la utilización de los elementos gramaticales (disintaxis, paragramatismo) y pueden ser de tipo fonético o semántico. La lectura y la escritura están afectadas de forma similar.

La lesión característica de la afasia de Wernicke radica en el tercio posterior de la primera y segunda circunvolución temporales del hemisferio izquierdo. El girus de Heschl y la circunvolución supramarginal son regiones que también pueden estar afectadas.

▸ *Afasia global*

Pérdida de la comprensión y expresión del lenguaje debido a una lesión grave y extensa en las áreas cerebrales involucradas en este. En general, las personas con afasia global no pueden hablar, leer ni escribir, y no entienden lo que se les dice debido a lesiones extensas en el área de Broca, el área de Wernicke, el córtex auditivo, la ínsula, los ganglios basales y el área perisilviana.

Agnosia

Es la incapacidad para procesar los datos que llegan a través de los sentidos, debido a que el cerebro no puede decodificar correctamente la información, que, consecuentemente, se pierde.

Aldosterona

Aldo (aldehído) + sterona (hormona esteroidea). Es una hormona esteroidea de la familia de los mineralocorticoides, producida por la sección externa de la zona glomerular de la corteza suprarrenal de la glándula suprarrenal. Esta hormona corticosuprarrenal provoca la retención de sodio en el riñón y favorece la eliminación de potasio. La aldosterona actúa en la conservación de sodio, en la secreción de potasio y en el incremento de la presión sanguínea. Su secreción está disminuida en la enfermedad de Addison y se encuentra incrementada en el síndrome de Conn.

Ambioma

Conjunto de elementos no genéticos que rodean al individuo y que, junto con el genoma, intervienen en su desarrollo y, a su vez, pueden predisponerlo para contraer una enfermedad determinada. El concepto de ambioma es multidimensional, ya que incluye la vida afectiva, los sentimientos, el ámbito familiar, los lugares de trabajo, los hábitos, etcétera.

Amígdala

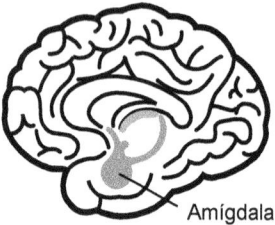

Amígdala

Se ubica en las profundidades de los lóbulos temporales. Tiene la forma y el tamaño de una almendra. Está formada por varios núcleos que controlan gran parte de los estímulos emocionales que recibe el cerebro. Aunque es más grande en el cerebro masculino (la zona medial es un 85% mayor), ante estímulos similares tiene mayor activación en el femenino.

Acceso directo
https://braidot.com/diccionario/qrp03

Entre las principales funciones de la amígdala se encuentran las siguientes:

- Registra constantemente lo que sucede en el medio ambiente, advirtiendo la presencia de un peligro y desencadenando respuestas defensivas, no conscientes, que aseguran la supervivencia (tiene un rol activo en la memoria emocional, particularmente, en la del miedo).
- Está asociada con el aprendizaje emocional. Cuanto más intensa es la activación de la amígdala, más imborrable es la información que ingresa en el cerebro.
- Dispara emociones de connotación negativa, como el enojo y la ira. Los estudios más recientes revelan que cuando una persona está ansiosa, enojada o deprimida, las activaciones cerebrales convergen hacia la amígdala y la corteza prefrontal derecha. A la inversa, cuando el estado de ánimo es positivo, la amígdala tiene una menor activación, mientras que la actividad aumenta en la corteza prefrontal izquierda.
- Está involucrada en el reconocimiento facial de emociones, en la empatía y en la cognición social.
- Es una estructura fundamental para la formación de asociaciones entre determinados estímulos; por ejemplo, refuerzo y castigo. Esto se

atribuye a que recibe datos y/o proyecciones de todas las áreas de asociación sensorial.

▸ Tiene injerencia en el sistema olfatorio; es por esto que participa activamente en la conducta sexual, entre otras.

▸ Es considerada el centro del miedo del cerebro. La amígdala presenta
hiperactividad en trastornos de ansiedad.

▸ Se conecta con el hipotálamo, con el núcleo septal, con el área prefrontal
y con el núcleo medio dorsal del tálamo. Estas conexiones hacen que la
amígdala cumpla una importante función en la mediación y el control de las
actividades afectivas más importantes, como la amistad, el amor y el afecto, y en la expresión de los estados de ánimo como miedo, ira y agresión.

▸ Como centro de la identificación del peligro, es fundamental para la supervivencia.

Aminas

Son un tipo de compuestos que incluye neurotransmisores. La noradrenalina, la
dopamina y la serotonina constituyen un conjunto denominado "aminas biógenas".

Aminoácido

Es una molécula orgánica indispensable para todo proceso metabólico. Su función más importante es el transporte de nutrientes y la optimización del almacenamiento de todos ellos (agua, grasas, carbohidratos, proteínas, minerales y vita-
minas). La mayoría de las enfermedades de la sociedad actual, como obesidad,
colesterol elevado, diabetes, insomnio, disfunción eréctil o artritis, son atribuibles
a trastornos metabólicos básicos.

Existen dos tipos principales de aminoácidos: los aminoácidos esenciales,
que se obtienen de los nutrientes de los alimentos, y los aminoácidos no esenciales, fabricados por el organismo. El sistema nervioso contiene gran cantidad de
aminoácidos muy activos, que influyen tanto en el cuerpo como en la psiquis; por
ejemplo, la glutamina.

▸ Es el aminoácido que se encuentra en una mayor concentración en los
músculos, en el plasma sanguíneo, en el líquido del cerebro y en la médula espinal. La proporción de ácido glutámico en el organismo es de un
60%, en relación con otros aminoácidos.

▸ El ácido glutámico es uno de los neurotransmisores excitatorios y tiene un rol muy importante en el metabolismo de azúcares y grasas.

▸ La glutamina (una amida del ácido glutámico) interviene en un gran número de procesos metabólicos y estabiliza el sistema inmunológico. Paralelamente, desempeña un papel importante en los casos de estrés y en la regulación del estado de ánimo.

Amnesia

Es la pérdida de la memoria y/o la incapacidad de incorporar nueva información. Puede manifestarse de dos formas:

▸ La amnesia retrógrada impide recordar los acontecimientos previos a un traumatismo, pero se pueden recuperar sin dificultad los recuerdos formados con posterioridad a ese hecho.

▸ La amnesia anterógrada es la incapacidad para formar nuevos recuerdos después de un traumatismo. Las personas con este tipo de amnesia no pueden realizar el pasaje de información desde la memoria operativa a la memoria de largo plazo, pero pueden recordar sin dificultad acontecimientos previos al traumatismo.

Amnesia anterógrada (Véase amnesia.)

Amnesia retrógrada (Véase amnesia.)

Antagonista

Se dice del fármaco que bloquea o reduce el efecto de un neurotransmisor. También reciben este nombre los músculos que contrarrestan la acción de otro. Por ejemplo, muchos medicamentos que se utilizan para tratar trastornos psicóticos contienen antagonistas de la dopamina.

Aprendizaje asociativo

También llamado condicionamiento pavloviano, condicionamiento respondiente, modelo estímulo-respuesta, aprendizaje por asociaciones (E-R) o aprendizaje clásico.

Fue demostrado por primera vez por el científico soviético Iván Pávlov.

Pávlov realizó prácticas con perros, mediante las cuales detectó que frente a estímulos iguales se producían resultados similares. Por ejemplo, los canes producían más saliva siempre que visualizaban carne. A este estímulo sumó el tañido de una campana, de tal manera que los perros ya comenzaban a salivar al escuchar ese sonido, sin necesidad de ver la carne.

Acceso directo
https://braidot.com/diccionario/qrp05

La práctica remite a una respuesta automática generada por las relaciones que se establecen entre dos estímulos, luego de una experiencia repetida. Eric Kandel, en su libro sobre la memoria, publicado en 2007[1], relató un experimento que puso en evidencia que, cuando existe condicionamiento, el cerebro no requiere activación de las zonas vinculadas con la motivación, sino solo la combinación de dos estímulos. Por ejemplo, si se le aplica reiteradamente un estímulo nocivo con otro inocuo específico a un animal, este responderá al estímulo inocuo con la misma intensidad con que respondería al nocivo.

Acceso directo
https://braidot.com/diccionario/qrV25

Aprendizaje explícito

Es siempre intencional y resultado del pensamiento consciente. No es generado por el contexto sino por los individuos, quienes deciden qué aprender.

Sin embargo, si bien el aprendizaje de cualquier tarea que luego se transforme en destreza también es intencional y, al principio, requiere de la atención consciente, no puede considerarse como aprendizaje explícito. Ocurre que, una vez que lo aprendido ha sido codificado en la memoria de largo plazo, comienza a ejecutarse de manera rutinaria, es decir, implícitamente.

Acceso directo
https://braidot.com/diccionario/qrp04

---

1 *En busca de la memoria: el nacimiento de una nueva ciencia de la mente.* Katz, Madrid, 2007.

Aprendizaje implícito

Es el saber incorporado mediante un proceso de experiencia y retroalimentación, y es resistente al paso del tiempo. Se manifiesta cuando la persona desarrolla distintas actividades sin tener conciencia de haberlas aprendido.

Los automatismos, que son resultado de este tipo de aprendizaje, permiten ejecutar secuencias enteras de acciones sin detenerse a pensar que se las está llevando a cabo. Por ejemplo, cuando se aprende a andar en bicicleta, se mejora progresivamente hasta adquirir la habilidad necesaria para mantener el equilibrio, avanzar y detenerse. Una vez incorporado este saber, la conciencia se va desplazando hasta llegar a un punto en el que la tarea se lleva a cabo automáticamente.

Aprendizaje no asociativo

Genera en la conducta cambios debidos a la repetición de un solo estímulo. Se suele dividir a este tipo de aprendizaje en dos categorías: habituación y sensibilización. (Véanse ambos términos.)

Arborización dendrítica

Ramificación de las dendritas. (Véase dendritas.)

Área de Broca

Región del lóbulo frontal izquierdo, que participa en la producción del lenguaje. Una lesión en esta zona produce afasia.

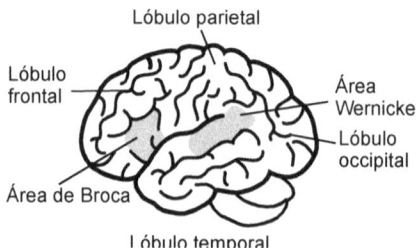

Lóbulo parietal

Lóbulo frontal

Área Wernicke

Lóbulo occipital

Área de Broca

Lóbulo temporal

Área de Brodmann

Las áreas de Brodmann consisten en un mapa de áreas de la corteza cerebral elaborado por Korbinian Brodmann en 1909. La corteza queda dividida en once regiones principales y varias áreas menores que fueron numeradas en el orden en el que sucesivamente las fue estudiando.

Área 17 de Brodman (Véase corteza estriada.)

Área 39 de Brodmann (AB39)

Corresponde a una región del lóbulo parietal posterior del cerebro, que participa en una variedad de funciones cognitivas, incluyendo la memoria episódica y la memoria semántica, habilidades matemáticas, lectoescritura y atención espacial.

Áreas de asociación

Su función consiste en integrar e interpretar la información que ingresa a través de los sentidos. Intervienen en funciones cognitivas elevadas, como el pensamiento, la memoria y el razonamiento. Por ejemplo, cuando vinculamos un estímulo visual, como la imagen de un presidente, con la simpatía o antipatía que nos provoca. Por ello, cada individuo se forma una percepción particular ante cada estímulo que recibe. Esto explica, en parte, por qué un mismo acontecimiento puede suscitar diferentes interpretaciones de distintas personas.

Del mismo modo, el área de asociación ubicada en el lóbulo prefrontal está relacionada con la planificación y el pensamiento abstracto. En el lóbulo parietal se ubican las áreas que se utilizan para leer y hablar. Al leer un texto en voz alta, en un proceso que ocurre en milisegundos, el cerebro convertirá la información en patrones relacionados con el habla y se ocupará de activar un centro ubicado en el lóbulo frontal, para que la corteza motora mueva la lengua, los labios y demás músculos que se necesitan para la expresión oral.

Área tegmental ventral (ATV)

Acceso directo
https://braidot.com/diccionario/qrp10

Se localiza en la parte mesencefálica del tallo encefálico y constituye uno de los centros fundamentales en el sistema de recompensa del cerebro.

El área tegmental ventral contiene células que sintetizan la dopamina, y que, a su vez, están controladas por interneuronas inhibitorias que presentan en su superficie receptores opioides mu —o receptores opioides μ— que, al ser estimulados por la presencia de uno de ellos, liberan dopamina.

El área tegmental y el núcleo *accumbens* permiten que un individuo desarrolle conductas aprendidas que responden a hechos placenteros o de desagrado. El ATV, y sus proyecciones dopaminérgicas hacia el núcleo accumbens son las principales regiones que posibilitan estas conductas. Este mecanismo se conoce como la "vía de recompensa cerebral meso-accumbens".

Esta vía natural es un circuito emocional presente en todos los mamíferos y motiva las conductas aprendidas para la supervivencia y para la reproducción.

El área tegmental ventral tiene incidencia en cuestiones tan diversas como la cognición, la motivación, el orgasmo, las emociones intensas relacionadas con el amor, la drogodependencia y también varios desórdenes psiquiátricos.

Las neuronas del ATV se proyectan hacia numerosas áreas del cerebro, desde la corteza prefrontal (CPF) hasta el tallo cerebral, pasando por numerosas regiones entre estas dos.

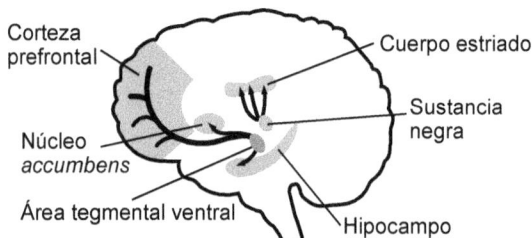

Arginina

La estructura L arginina es un aminoácido semiesencial. La arginina está involucrada en numerosos procesos metabólicos y resulta de vital importancia en el tratamiento de las enfermedades cardíacas. Reduce la presión arterial alta, mejora la circulación sanguínea y fortalece el sistema inmunológico. Estudios actuales han demostrado que la arginina acelera la cicatrización de heridas y contribuye al proceso de disminución de grasas, lo que estimula la reducción de peso.

Atención

Es una especie de "llave" hacia la memoria y funciona como un filtro de los estímulos que una persona recibe del medio ambiente; es decir que selecciona los más relevantes y establece prioridades.

Acceso directo
https://braidot.com/diccionario/qrp08

Como función neurocognitiva, la atención precede a la percepción, a la intención y a la acción. Sin ella, la memoria y el aprendizaje serían imposibles. La neurofisiología de la atención involucra una amplia red neuronal entrelazada de estructuras subcorticales y corticales. Las más importantes son el sistema reticular activador, el tálamo, el sistema límbico, los ganglios basales, la corteza parietal posterior y la corteza prefrontal.

El primer filtro que debe atravesar un estímulo del mundo exterior para ser captado por la atención se encuentra en el tronco cerebral y se denomina Sistema Activador Reticular Ascendente (SARA).

Acceso directo
https://braidot.com/diccionario/qrv01

Actualmente se han identificado tres sistemas atencionales separados anatómica y funcionalmente: el anterior, el posterior y el sistema de vigilancia. Los principales tipos de atención que estudia la neurociencia son: la selectiva, la focalizada, la sostenida y la dividida, y los estados de alerta comandados por la red arousal (activación general).

Hay dos grandes determinantes de la atención: los internos (propios de cada individuo, relacionados con sus intereses y sus aspiraciones, con lo que le gusta, con lo que considera útil) y los determinantes externos (que provienen del medio ambiente).

Atención (densidad)

Es la mayor cantidad de atención que una persona es capaz de focalizar sobre un evento en particular. A mayor concentración, mayor densidad de atención. Las neurociencias han demostrado que una adecuada

Acceso directo
https://braidot.com/diccionario/qrv05a

Acceso directo
https://braidot.com/diccionario/qrv05b

Acceso directo
https://braidot.com/diccionario/qrp07

densidad de atención literalmente modela el cerebro, ya que refuerza circuitos neurales específicos que forman parte de diferentes estructuras de la corteza prefrontal. Cuando la densidad de atención es baja, pueden ocurrir situaciones que comprometan seriamente el desempeño de las funciones ejecutivas; por ejemplo, alteraciones de la memoria, lentitud en el procesamiento de la información, problemas de organización, así como pérdidas de tiempo, y dilación o errores en la toma de decisiones.

Atención dividida

Acceso directo
https://braidot.com/diccionario/qrp28

Acceso directo
https://braidot.com/diccionario/qrv06

Es la capacidad cerebral paratender los estímulos que permiten realizar varias tareas a la vez.

El cerebro nunca procesa dos estímulos al mismo tiempo; lo que hace es alternar entre uno y otro a una velocidad tan intensa que no es posible el registro consciente. Cuando la alternancia entre estímulos es excesiva, el sistema de atención dividida consume tanta energía cerebral que provoca agotamiento físico y mental.

Atención focalizada

Al igual que la atención sostenida, implica concentración en una actividad o tarea, pero lo que importa es el foco, no el tiempo que dura la concentración.

El foco puede estar en estímulos externos, como una canción, un paisaje o la cata de un vino, o en estímulos internos, como emociones y sensaciones físicas (dolor, sed, frío, calor). La duración depende de la complejidad del estímulo y de su grado de novedad e interés para el sujeto.

Atención selectiva

Es la que permite la concentración en uno o dos estímulos, ignorando los que no son relevantes.
Es consciente, voluntaria e intencional, y normalmente tiene una finalidad práctica.

Atención sostenida

Es la que se utiliza al hacer foco en una actividad o tarea durante períodos prolongados. Es consciente, voluntaria e intencional, opera en función de un objetivo concreto y es resistente a la fatiga y a las distracciones, debido a la motivación o la necesidad de concentración en un tema específico.

Autorreceptor

Receptor ubicado en la membrana de una neurona, que responde al neurotransmisor que esta libera.

Axón

Morfológicamente, es la prolongación de una neurona nerviosa, que transmite los potenciales de acción (excitación o inhibición) durante la sinapsis. Consiste en una prolongación extensa y muy delgada, similar a un cono que se va alargando en la base.

En el sistema nervioso central, los axones están recubiertos por una vaina de mielina que actúa como aislante eléctrico, mientras que en el sistema nervioso periférico pueden estar recubiertos por células de Schwann. En el SNC, la velocidad a la que se transmite la información es más rápida.

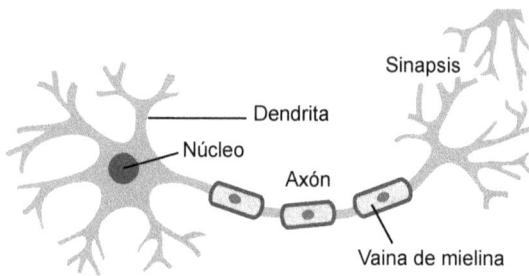

B
•••••••

Barrera hematoencefálica

Es una formación de células ubicada entre los vasos sanguíneos y el líquido cefalorraquídeo, que controla el paso del oxígeno, de las hormonas y de los nutrientes hacia las neuronas, a la vez que evita el ingreso de sustancias tóxicas. Las células que conforman la barrera poseen, asimismo, proteínas que tienen la función de transportar sustancias como la glucosa. Estas células están entrecruzadas y densamente rodeadas de astrocitos (células gliales), por lo cual el ingreso de sustancias en esta zona es más difícil que en el resto del organismo.

Solo tres regiones del cerebro carecen de barrera hematoencefálica: la hipófisis, la glándula pineal y el área postrema del tronco (Kolb 120).

A pesar de la densidad celular de la barrera hematoencefálica, algunos virus y bacterias logran atravesarla; por ejemplo, la variedad de bacterias que producen meningitis. La barrera también es permeable a algunos tóxicos, como la nicotina, el éxtasis y otras drogas que pueden dañar seriamente el sistema nervioso.

Binocularidad (visión estereoscópica)

Es la capacidad que tiene el ojo humano para integrar dos imágenes, percibiendo el relieve o profundidad de los objetos.

El cerebro percibe las señales luminosas que provienen de ambos ojos, a través de los impulsos nerviosos. Una vez en el centro de la retina, estas señales se fusionan y son interpretadas. Así, se envía una imagen única en tres dimensiones a los centros cerebrales de la visión.

El correcto funcionamiento de la visión estereoscópica depende de factores tales como la anatomía del sentido de la vista, el sistema motor que coordina el movimiento de los ojos y el sistema sensorial a través del cual el cerebro recibe e integra las dos percepciones monoculares.

Bulbo olfativo u olfatorio

Es la estructura neural localizada en el prosencéfalo, que participa en el sentido del olfato. Trata y codifica los olores recibidos y dirige los resultados hacia estructuras superiores del cerebro.

C
......

Calcitonina (CAL)

Es una hormona secretada por la tiroides, un polipéptido que se encuentra normalmente en el cerebro. Su administración espinal produce analgesia. En los seres humanos, el péptido relacionado con el gen de la calcitonina se presenta como α-CGRP y β-CGRP, y está implicado en la transmisión del dolor.

Campo visual

Es la totalidad del área en que la visión lateral (periférica) puede registrar los objetos mientras se enfoca la mirada en un punto central.

Canal iónico

Tipo de proteína que permite el paso de iones específicos a través de la membrana celular. Estructuralmente, funciona como un sistema de compuertas: reconoce y selecciona los iones, y se abre o se cierra como respuesta a estímulos eléctricos, químicos o mecánicos.

Capacidad visoespacial

Refiere a la habilidad del cerebro para representar, analizar y ubicar objetos en tres dimensiones. La capacidad visoespacial permite identificar la ubicación espacial de los objetos; por ejemplo, posibilita calcular la distancia entre dos objetos, o representar el modo en que pueden desplazarse, aun antes de que se muevan.

Carnitina

La L-carnitina es producida por el organismo. Juega un papel importante en el metabolismo de las células animales y vegetales, mejora el suministro de energía a las células cerebrales y, de este modo, aumenta la resistencia al estrés.

Puesto que una de las principales funciones de la carnitina es la conversión de la grasa en energía, es comúnmente conocida como *fatburner* (quemador de grasas) y se consume como suplemento dietario. Algunas investigaciones han conectado la obesidad con un déficit de carnitina.

Catecolaminas

Son altamente importantes en el sistema nervioso simpático (SNS), donde ejercen efectos metabólicos y cardiovasculares, por estimulación de los receptores adrenérgicos de diversas células, que son llamados así por su relación con la adrenalina.

Los principales sitios de producción de catecolaminas son el cerebro, la médula adrenal y las neuronas simpáticas.

Células de Schwann

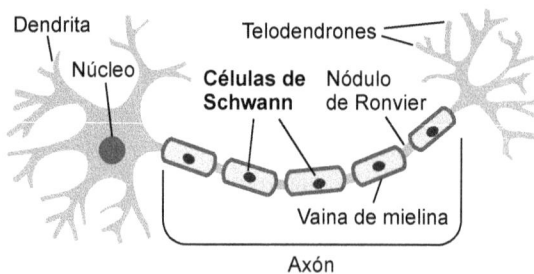

Son células nerviosas que forman mielina en el sistema nervioso periférico y constituyen el soporte estructural para los axones en ese sistema. De la integridad de estas células depende el desarrollo estructural y metabólico de los axones.

Células eferentes

Estas células transmiten información hacia afuera de un circuito. Por ejemplo, la neurona motora envía datos hacia un músculo.

Células piramidales

Son llamadas así por su forma similar a la de una pirámide. Generalmente envían la información desde una región de la corteza cerebral hacia otra área del encéfalo y hacia los músculos o glándulas.

Cerebelo

Es una de las regiones de mayor tamaño del encéfalo, siendo el cerebro la más voluminosa. Tiene múltiples conexiones bidireccionales hacia ambos hemisferios cerebrales, que se dirigen tanto hacia las áreas relacionadas con los movimientos y el mantenimiento del equilibrio (motoras), como hacia las relacionadas con aspectos neurocognitivos y emocionales.

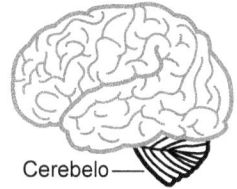

Cerebelo

El cerebelo es sumamente importante en el control de las actividades musculares rápidas, como las que se necesitan para jugar al tenis, para correr o para ejecutar un instrumento musical.

Este centro nervioso también desempeña otras funciones. Por ejemplo, tiene participación en los neurocircuitos involucrados en la cognición y en las emociones, debido a sus conexiones con otras estructuras, como el hipotálamo, el tálamo y el circuito de Papez (en el sistema límbico).

Eventualmente, aquellos que han sufrido lesiones en el cerebelo presentaron cambios de personalidad, agresividad, trastorno de pánico y depresión, entre otros trastornos psiquiátricos. Se está investigando la función que cumple el cerebelo en la conducta emocional, teniendo en cuenta su relación con el sistema hormonal, sobre todo las conexiones con el hipotálamo.

Existe un vínculo entre el cerebelo y la memoria del miedo, lo que revela su injerencia en los comportamientos relacionados con la supervivencia, como la reacción física que provoca una situación de peligro.

El cerebelo está implicado en algunos procesos de razonamiento, como las funciones ejecutivas.

Se sugiere una posible relación entre un cerebelo de mayor volumen y un mayor cociente intelectual, así como con un mejor rendimiento relacionado con la memoria y con los aspectos visoespaciales. También se ha observado un correlato entre anomalías del cerebelo y un rendimiento cognitivo bajo.

En algunos procesos de aprendizaje, la detección y corrección de errores podría considerarse una función básica del cerebelo. Se demostró que aquellas personas que presentaban lesiones en el cerebelo mostraron dificultades de la memoria episódica, y también dificultades atinentes al lenguaje (reducción de la fluidez verbal), etcétera.

Diversos estudios revelan una relación existente entre el cerebelo y los sistemas atencionales. Por ejemplo, se observó que mientras se realizan tareas que requieren dos tipos de atención (selectiva y de desplazamiento) se activan las neuronas del cerebelo posterior.

Cerebro

La principal función del cerebro consiste en mantener con vida el organismo. Es el órgano encargado de recibir los estímulos, tanto los externos como los internos; de organizar esa información y de generar la respuesta adecuada.

Acceso directo
https://braidot.com/diccionario/qrp09

Los estímulos externos son captados por aquellos receptores de la piel que involucran sensaciones como el dolor, el placer o la temperatura; y también por los que participan de todos los demás sentidos, como el gusto, la vista, el olfato y el oído.

Los estímulos internos son los que proceden de cualquier localización del organismo, de los registros psíquicos, y de todo aquello que se emplaza en el cerebro cuando se imagina, se razona o se recuerdan hechos, conceptos, sentimientos, etcétera. La interacción de los receptores internos con los externos constituye el principal sistema encargado de captar la información y los estímulos que luego se procesarán y que generarán determinadas respuestas, sensaciones y/o pensamientos.

Acceso directo
https://braidot.com/diccionario/qrv19

El cerebro pesa aproximadamente 1.450 gramos en el varón y algo menos en la mujer; contiene aproximadamente un 80% de agua y, morfológicamente, es similar a la gelatina. Normalmente, su temperatura oscila entre los 36,5 y los 38 grados centígrados, y su termostato se localiza en el hipotálamo.

El requerimiento de energía del cerebro insume aproximadamente 300 calorías por día. Si se midieran en forma lineal los vasos sanguíneos que se encuentran en el cerebro, se llegaría aproximadamente a 160.000 kilómetros (la distancia media entre la Tierra y la Luna es de 384.400 km).

Las neurociencias clasifican las funciones del cerebro en tres tipos:

▸ *Sensitivas*. Reciben estímulos de los órganos sensoriales, los procesan y los integran para formar las percepciones.

▸ *Motoras*. Emiten impulsos que controlan los movimientos voluntarios y los involuntarios.

▸ *Integradoras*. Generan actividades como el aprendizaje, la memoria y el lenguaje.

Cerebro anterior

Anterior
Respuestas motoras-conductuales, planificación y producción de movimiento y habla, secuenciamiento, funciones cognitivas superiores.

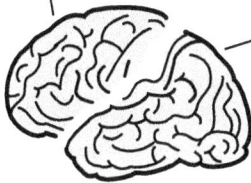

Posterior
Visión, sonido, tacto, propiocepción, construcción bidimensional y tridimensional, reconocimiento de objetos y rostros, lenguaje receptivo.

Denominación del conjunto formado por los hemisferios cerebrales, los ganglios basales, el tálamo, la amígdala, el hipocampo y el septum. Es un área fundamental para la motivación y la iniciativa.

▸ Recibe información emocional del sistema límbico y está conectado con las áreas de los lóbulos frontales que actúan como soporte de la atención, el planeamiento, la motivación y la conducta.

▸ Es capaz de producir cambios fisiológicos en otras partes del cuerpo. Por ejemplo, regula la presión arterial y el ritmo cardíaco. También juega un papel esencial en la atención.

▸ Si está ocupado en el procesamiento de emociones negativas, no permite razonar y, mucho menos, decidir con claridad.

Sus principales funciones son las siguientes:

• Modula el proceso cognitivo y emocional.
• Habilita el inicio de acciones.
• Conduce la actividad exploratoria.
• Gestiona la intencionalidad.

Cerebro posterior

Denominación del conjunto formado por el cerebelo, el bulbo raquídeo, la protuberancia y el cuarto ventrículo.

Cinestesia

Sinónimo de kinestesia. Percepción sensorial que permite al individuo evaluar, sin control visual, el equilibrio, la dirección y la velocidad del movimiento y la posición de sus extremidades y tronco. Abarca dos tipos de sensibilidad: la visceral o interoceptiva y la postural o propioceptiva. Alude a la sensación que una persona tiene de su cuerpo y, particularmente, de los movimientos que este realiza.

Cíngulo

Es parte de la circunvolución del hemisferio cerebral izquierdo que tiene forma de arco y rodea al cuerpo calloso. Tiene numerosas conexiones con el núcleo talámico anterior; algunos autores lo denominan corteza cingulada y lo consideran parte del sistema límbico.

Acceso directo
https://braidot.com/diccionario/qrp10

El cíngulo está implicado en el sistema motivacional y en otras funciones, tales como la atención focalizada/dividida, el manejo de la ambigüedad y del conflicto, la modulación del procesamiento cognitivo y emocional, la intencionalidad, los pensamientos optimistas, la iniciación de acciones, las actividades exploratorias y el monitoreo de errores. Cuando este circuito falla, se genera una sensación de fatiga mental.

Sus principales funciones son las siguientes:

▸ Participa en la memoria de largo plazo. Además, según investigaciones de la Universidad de California, el cíngulo anterior permite que los sujetos recuerden el pasado remoto.
▸ Interviene activamente en la vida emocional, de modo que una reducción de la actividad de este circuito puede ocasionar apatía y aun depresión.
▸ Está involucrado en las funciones ejecutivas del cerebro: cuando se necesita mayor atención en una tarea, se activa una zona del cíngulo anterior.
▸ Es una de las estructuras de interés para la neuropolítica. En ciertas

investigaciones realizadas entre sujetos declarados "liberales" y otros reconocidos como "conservadores", los primeros mostraron mayor activación del cíngulo anterior y los segundos, de la amígdala. Se estima que este tipo de activaciones ayuda a predecir con exactitud la condición política de un individuo, independientemente de lo que manifieste con sus palabras.

▸ Está involucrado en la anticipación de recompensas, así como en los procesos sensoriales, motores y cognitivos vinculados a estas. Además, interviene en la regulación de procesos complejos, como la valoración del grado de placer o de desagrado (premio o castigo) que puede proporcionar una situación determinada.

▸ El cíngulo tiene un rol activo en la motivación. Una lesión en esta zona puede generar un estado de indiferencia y, al mismo tiempo, una disminución de la expresividad.

▸ Esta estructura ha sido estudiada durante el proceso de detección de mentiras. Así, mediante investigaciones realizadas con resonancia magnética funcional (fMRI), se observó una mayor activación cuando los participantes manifestaban algo conscientemente, para luego declarar que no era verdad.

Circuito de Papez

Denominado también cerebro visceral, el circuito de Papez está formado por un conjunto de estructuras interconectadas que se ubican en el sistema límbico e intervienen en la vida emocional: los cuerpos mamilares, la corteza cingulada, la amígdala, el hipocampo, el núcleo talámico anterior y la circunvolución del hipocampo. Este circuito debe su nombre a James Papez (1883-1958), neurólogo estadounidense que presentó numerosos trabajos relacionados con la neurobiología de las emociones. Su teoría fue ampliada por Paul MacLean.

Circuito neuronal (neurocircuito)

Es una red que se va formando a medida que las neuronas se conectan entre sí mediante las sinapsis. Algunos neurocircuitos son pequeños, mientras que otros están integrados por una gran cantidad de neuronas que se distribuyen en forma extensa dentro del sistema nervioso.

Existen diferentes tipos de circuitos neuronales que se distinguen según sus funciones. Por ejemplo, los circuitos motores permiten mover partes del cuerpo y los cognitivos se ocupan de los procesos mentales superiores.

Algunos circuitos están en el cerebro en el momento de nacer. Otros se van creando y/o reforzando a lo largo de la vida como resultado del aprendizaje y la experiencia. Por ejemplo, el neurocircuito de recompensa está formado por neuronas que se proyectan hacia numerosas regiones del cerebro y tiene un rol central en el deseo, la adicción, el placer y la motivación

Circuito subcortical

El término subcortical hace referencia a las zonas del cerebro que se sitúan por debajo de su superficie (córtex o corteza).

Un circuito subcortical es una vía anatómica que atraviesa diferentes regiones. Por ejemplo, el circuito de recompensa, que desempeña un rol fundamental en el placer, la motivación y el deseo. Parte del área tegmental ventral (VTA) y se proyecta hacia numerosas regiones del cerebro.

Circunvolución angular

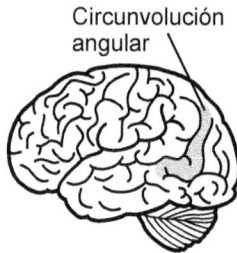

Circunvolución angular

Está ubicada en el lóbulo temporal, en el área 39 de Brodmann. Es esencial para la evolución del lenguaje.

Cisura de Rolando

Pliegue profundo en la corteza cerebral que se extiende en ambos hemisferios en forma de doble S en dirección lateral y ascendente, delimitando los lóbulos frontal y parietal. También divide la corteza motora primaria de la corteza sensorial primaria.

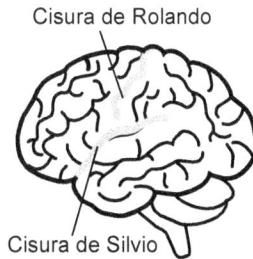

Cisura de Rolando

Cisura de Silvio

Cisura de Silvio

Es el pliegue más profundo de la corteza cerebral. Se inicia en la porción inferior de ambos hemisferios cerebrales y asciende lateral y oblicuamente hacia atrás en la cara externa, separando el lóbulo temporal del lóbulo frontal. Aunque se encuentra en ambos hemisferios cerebrales, en la mayoría de las personas la cisura de Silvio es más extensa en el hemisferio cerebral izquierdo que en el derecho.

Claustro

Estría de sustancia gris separada del putamen por la cápsula externa, rodeada de materia blanca. Hay un claustro en cada hemisferio, debajo de la ínsula. Casi todas las regiones de la corteza envían fibras al claustro, por lo que es considerado una gran estación central neuronal. También se observan vías de retorno, que van desde el claustro hacia la región cortical originaria. Actualmente, se investiga esta estructura para confirmar la hipótesis de que desempeña un papel relevante en la conciencia.

Clima laboral

Refiere al tipo de vínculos humanos que se establecen en los espacios de trabajo, sean estos físicos o virtuales.

Un buen clima laboral es un recurso clave para el desarrollo de las empresas, las organizaciones y el sistema económico en general.

El clima laboral tiene relación directa con las emocionalidades de los individuos involucrados. Esta relación se establece tanto en cuanto a los aportes que los sujetos hacen de sus propias habilidades, como en cuanto a aquello que reciben del intercambio con terceros, con el ambiente y en relación consigo mismos. Se expresa tanto en virtud de los lazos que surgen, como en las propuestas que activamente se hacen desde los espacios directivos.

Las actitudes, el vocabulario, las rutinas, los equipos, las costumbres, la actividad concreta por realizar, las interacciones físicas y emocionales, etc., crean el clima laboral.

La cúpula de la dirección —con su cultura y sus procesos de gestión— proporciona —o no— el terreno adecuado para un buen clima laboral. La mejora de ese ambiente empleando técnicas precisas forma parte del neuromanagement, que emplea y aplica los conocimientos de las neurociencias cognitiva, afectiva y social.

Cociente de encefalización (*Encephalization Quotient*, QE)

Es la medida del volumen cerebral respecto de la masa corporal. Se calcula por medio de una fórmula matemática. Este cociente puede variar según la especie. Por ejemplo, el QE de un chimpancé es 2,48, mientras que el de los seres humanos es 7,30.

Cociente intelectual

Es una cifra que se obtiene mediante la división de la edad mental de un individuo (que se consigue mediante tests de inteligencia) y su edad cronológica multiplicada por cien.

Tradicionalmente se utilizó el cociente intelectual para medir la inteligencia de una persona en relación con su desempeño. Sin embargo, la validez predictiva de este indicador está siendo cuestionada.

Por ejemplo, en los Estados Unidos se han hecho investigaciones sobre varones y mujeres que obtuvieron puntajes bajos en el Scholastic Assessment Test (SAT) y en el American Collage Test, pero que en cambio han desarrollado una carrera profesional exitosa.

En Alemania, un estudio realizado por la consultora Egon Zehnder International entre cientos de ejecutivos de primer nivel de ese país, de Japón y de América Latina, demostró que eran más proclives a triunfar quienes obtenían puntajes más altos en autorregulación emocional, en comparación con quienes habían obtenido puntajes altos en cociente intelectual.

Cóclea

Estructura con forma de espiral situada en el oído interno. Contiene el órgano de Corti, del que depende la audición. Se especializa en transformar las vibraciones del sonido en impulsos nerviosos y enviarlos al cerebro.

Cognición

Involucra la capacidad para interpretar e integrar la información que ingresa a través de los sentidos con la adquirida previamente y convertirla en conocimiento. Depende de las funciones cerebrales que permiten percibir, seleccionar, almacenar y recuperar los datos y experiencias necesarias para elaborar conceptos, tomar decisiones, realizar diferentes tipos de tareas, crear, comunicarse con el mundo exterior, establecer relaciones con este y con uno mismo.

En estos procesos intervienen principalmente la atención, la memoria, las funciones ejecutivas, el lenguaje y las habilidades visoespaciales.

Cognición social

En el marco de las neurociencias, refiere a los procesos cerebrales implicados en el procesamiento de la información relevante para desenvolverse de forma eficaz en las relaciones sociales. Involucra la habilidad para interpretar adecuadamente los signos sociales, construir la idea del otro y actuar de manera apropiada.

La teoría de la mente, que involucra procesos cognitivos relacionados con la habilidad de representar los estados mentales de otras personas para explicar y predecir su conducta (como sus pensamientos, creencias e intenciones) no es sinónimo de cognición social, sino que está incluida en ella.

Comisuras cerebrales

Son las formaciones localizadas entre los hemisferios cerebrales, a los que comunica. Existen numerosas comisuras, entre las que se destacan:

- ▶ Cuerpo calloso.
- ▶ Fórnix.
- ▶ Comisura blanca anterior.

‣ Comisura blanca posterior.
‣ *Septum pellucidum.*
‣ Comisura gris o intertalámica.

Conciencia

El tema de la conciencia y su base neurofisiológica se investiga con intensidad y suscita grandes debates. Para la neurociencia, la conciencia no existe fuera del ámbito funcional del sistema nervioso. Ello genera controversias en ámbitos filosóficos y religiosos.

A nivel cerebral, los principales componentes de la conciencia son:

‣ *El nivel de alerta o estado de conciencia.* Es aquel en el que el ser humano tiene conciencia del entorno y de sí mismo; depende de la actividad recíproca entre el SARA y la corteza cerebral. Los estados donde no hay conciencia son el coma y el sueño muy profundo. Cualquier trastorno del SARA o de la corteza cerebral puede alterar el estado de la conciencia.

‣ *La autoconciencia.* Involucra la capacidad del ser humano para prestarle atención al entorno y a sí mismo, convirtiéndose en un observador reflexivo sobre sus pensamientos, sentimientos, deseos, metas, objetivos, conductas, etcétera.

Para Rodolfo Llinás, autoridad mundial en materia de investigación sobre el tema, "la conciencia vive en el cerebro del mismo modo que el movimiento vive en los músculos". De modo similar, la mayoría de los expertos intentan explicar la conciencia a partir de la identificación de sus correlatos neuronales, es decir, desde los procesos cerebrales con los que se la relaciona.

Condicionamiento

Es el modo de conocimiento que se construye a partir de la asociación de dos eventos. Se pueden identificar dos subtipos de este modo de conocimiento: el clásico y el operante.

El modo clásico o condicionamiento pavloviano fue explicitado por Iván Pávlov, al que debe su nombre.

Acceso directo
https://braidot.com/diccionario/qrp05

Se produce a partir de un aprendizaje asociativo. Cuando dos hechos suelen ocurrir juntos, el cerebro entiende que, necesariamente, cuando aparece uno, deberá sucederse el otro.

El condicionamiento operante, en tanto, implica la aparición de un estímulo reforzador, como consecuencia contingente de cierta respuesta que el sujeto expresó previamente.

Cono axónico

Es una zona especializada formada por un ensanchamiento del axón. Tiene forma cónica, como su nombre lo indica, y une el axón con el soma (cuerpo celular de la neurona).

Cordón espinal

Tejido nervioso que se extiende desde la médula (parte inferior del tallo cerebral) a través del canal de las 31 vértebras. Por el cordón espinal pasan las vías aferentes y eferentes del sistema nervioso central.

Corteza cerebelosa

Tejido nervioso que cubre el cerebelo. Está formada por tres capas de neuronas: la molecular, la de células de Purkinje y la granular.

Corteza cerebral (cerebro pensante, neocórtex o corteza cerebral)

La corteza cerebral es la parte del cerebro que está dividida en dos hemisferios conectados por el cuerpo calloso, que consiste en una gran estructura de aproximadamente 300 millones de fibras nerviosas.

Estos hemisferios funcionan de modo diferente, pero complementario. Cada hemisferio se ocupa básicamente de los procesos sensoriales y motores del lado opuesto del cuerpo; es decir que los movimientos del pie y de la mano izquierda, por ejemplo, son controlados por el hemisferio derecho, y viceversa.

En la mayoría de los individuos diestros, el hemisferio izquierdo controla el lenguaje y otras tareas de procesamiento serial de la información, mientras que el derecho actúa en procesos no verbales que incluyen la visualización tridimensional, la rotación mental de objetos y la comprensión del significado de las expresiones faciales.

El hemisferio izquierdo está relacionado con el pensamiento lineal. El derecho procesa la información de manera integral y está relacionado con el pensamiento creativo.

La predominancia de alguno de los hemisferios en el momento de procesar, interpretar y presentar la información, se conoce como "dominancia cerebral".

Corteza cingulada (Véase cíngulo.)

Corteza cingulada anterior

La corteza cingulada anterior está conectada con el núcleo central de la amígdala, con el núcleo parabranquial y con la materia gris. Está relacionada con la expresión y la concientización de las emociones y con funciones cognitivas tales como la toma de decisiones y la empatía.

Corteza cingulada

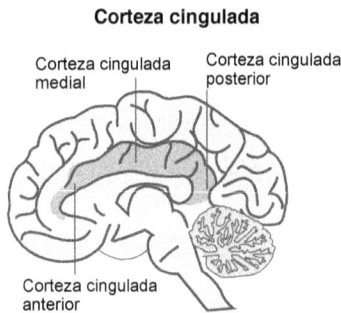

Corteza cingulada medial

Corteza cingulada posterior

Corteza cingulada anterior

Corteza cingulada posterior

Esta parte del cerebro está implicada en la creación de recuerdos permanentes. Es importante en la recuperación de los detalles de un suceso y también en la incorporación de un recuerdo al campo del conocimiento y de comprensión del sujeto. Las personas que padecen Alzheimer habitualmente presentan daños en esta área del cerebro.

Corteza dorsolateral

Es una de las partes más desarrolladas del cerebro.

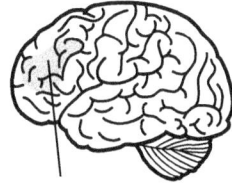

Corteza dorsolateral prefrontal

▸ Desempeña un rol fundamental en la organización temporal de las acciones dirigidas a una meta.
▸ Interviene en los procesos relacionados con la memoria de trabajo.
▸ Participa de la programación y planificación de la conducta. Además, dirige las acciones que implican la solución de problemas, para rectificar las acciones que condujeron a los resultados obtenidos.
▸ Permite la integración y la valoración de estímulos externos, y posibilita la acción en función de sus contenidos.
▸ Está relacionada con la regulación de las emociones.

Corteza entorrinal

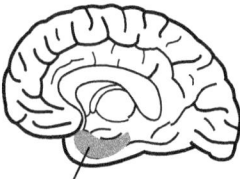

Corteza entorrinal
Se ubica en la parte media y anterior del lóbulo temporal

Se ubica en la superficie media del lóbulo temporal. Es una vía trascendente para los estímulos sensitivos dirigidos hacia el hipocampo. Actúa como centro de relevo y distribución de la información desde el hipocampo y hacia él. Es una estructura fundamental en los diferentes tipos de memorias, conscientes e inconscientes.

La mayoría de los investigadores consideran que la enfermedad de Alzheimer comienza en la corteza entorrinal. Se cree que su deterioro interferiría la capacidad del hipocampo para obtener información del resto del cerebro. La corteza entorrinal se halla sólidamente conectada con otras áreas de la corteza cerebral, actuando como el más importante intermediario entre el hipocampo y otras partes del cerebro.

Corteza estriada o corteza visual primaria

La corteza estriada recibe fibras procedentes de ambos campos visuales. Consta de células simples y complejas, algunas de las cuales son específicas para integrar dos imágenes en una sola. A partir de la disparidad originada por la posición diferencial de las dos retinas, estas células extraen las diferencias de ángulo a partir de las cuales, en un nivel más elaborado, se decodificarán cualidades como la profundidad. La corteza estriada constituye un sistema organizador de las operaciones mediante las cuales se discriminan patrones visuales complejos, relacionados con la forma y el tamaño.

Lóbulo occipital

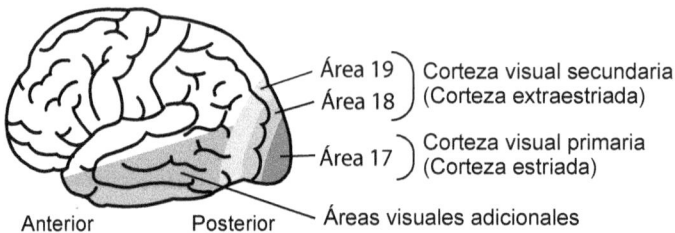

Corteza visual primaria ubicada en el lóbulo occipital.
Es anatómicamente equivalente al área 17 de Brodmann.

Corteza motora

La corteza motora es el sector del cerebro vinculado a la movilidad consciente. Está localizada en la parte posterior del lóbulo frontal y consta de diversas regiones.

▸ *Corteza primaria*. Genera la orden de movimiento a los músculos y la envía. No funciona de manera aislada, sino que se integra a las otras regiones para producir acción.
▸ *Corteza secundaria*. Prepara y planifica los movimientos para concretar una tarea. Su función es coordinar adecuadamente las secuencias de movimientos necesarios.
▸ *Área de Broca*. Es el centro de producción del lenguaje. Algunos especialistas aseguran que por tratarse del sector del cerebro sobre el que se articulan los músculos del habla, esta sección debería pertenecer a la corteza motora.

Debido al hecho de que algunas áreas de asociación de la corteza parietal posterior están vinculadas a la construcción de imágenes a partir de los movimientos que se realizan, algunos estudiosos las incluyen en la clasificación de corteza motora.

Corteza orbitofrontal

Esta porción forma parte de la corteza prefrontal. Allí reside el control inhibitorio, que tiene la función de suprimir los estímulos internos y externos que pueden interferir en la conducta, en el habla o en la cognición.

▸ Está vinculada con los procesos de atención-acción. Interviene en la reducción de distracciones.

▸ Controla los impulsos, ya que otorga una mayor capacidad de autocontrol.

▸ Está relacionada con el control emocional inhibitorio, que permite un cambio de conducta al considerar la valoración emocional de los estímulos. Una lesión en esta zona produciría desinhibición e impulsividad.

▸ Tiene gran implicancia en los procesos de toma de decisiones, al incorporar la evaluación del componente afectivo. Es por ello que esta estructura es intensamente estudiada por la neuroeconomía, en particular, por su rol en la integración y evaluación de pérdidas versus beneficios.

▸ Está involucrada en el sistema emocional y en la personalidad. Las personas con lesiones en esta zona pueden tener un comportamiento desinhibido, irritable, impulsivo e inestable.

Corteza prefrontal

La corteza prefrontal constituye el 30% de la corteza cerebral. Se la divide en tres regiones: prefrontal dorsolateral, corteza órbitofrontal y cíngulo anterior o ventromedial. Es la región donde se encuentran las funciones cognitivas más complejas y evolucionadas del ser humano.

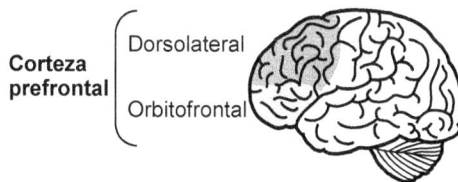

▸ Constituye el asiento del desempeño cognitivo. Desempeña un rol activo en la inteligencia, en la toma de decisiones, en la personalidad, el juicio ético, la creatividad, la anticipación, el automonitoreo de la conducta y la capacidad para resolver problemas.

▸ Desarrolla la función ejecutiva o supervisora de la conducta.

▸ Ejerce el control del comportamiento. De esta zona depende la conciencia del propio ser y de sus actos; por ejemplo, evaluar los riesgos asociados a ellos y actuar en consecuencia.

▸ Interviene en la modificación de conductas aprendidas, para reemplazarlas por otras que se adapten mejor al entorno en el que se vive.

▸ Tiene un rol activo en la motivación y en la creatividad, entre otras capacidades que caracterizan el comportamiento humano.

Diversos estudios demostraron que las áreas implicadas en el procesamiento emocional, como la amígdala, disminuyen su actividad en el desempeño de tareas que requieren demanda atencional y cognitiva. Estos lóbulos y sus extensas conexiones, como el núcleo amigdalino, el diencéfalo y el cerebelo, construyen las imágenes que forman los pensamientos y permiten monitorear la información que guía la conducta.

Corteza prefrontal dorsolateral

Está localizada en la región frontal del cerebro, e interviene en la planificación, en la regulación y en la organización de los movimientos. Actúa como filtro en la adquisición de información intelectual a partir de datos sensoriales. También está comprometida en la memoria de experiencia laboral.

Cráneo

El cráneo es un conjunto de huesos que encierran y protegen el cerebro, el cerebelo y el bulbo raquídeo. Está compuesto por la articulación de ocho huesos que forman una cavidad ovoide, abierta, de grosor variable. El cráneo tiene dos huesos temporales, dos parietales, un hueso occipital, uno frontal, el etmoides y el esfenoides.

Creatividad

Se conoce como creatividad la capacidad para generar nuevas ideas, fuera del marco que constituyen los esquemas estereotipados en el pensamiento.

En el plano cerebral, la creatividad es una de las diferencias más tangibles que tenemos con respecto a nuestros antepasados, ya que la evolución de la humanidad está estrechamente relacionada con ella. La vida social es decisiva en la evolución de la inteligencia creativa.

La creatividad surge de un proceso de trabajo metaconsciente, puesto que todo pensamiento y toda idea requieren la estimulación previa de una red neural determinada. Antes de que se exteriorice la idea, hay una activación neural. En el caso del proceso creativo se trata de una reconexión neuronal; es decir, que en ese proceso hay un adicional que da origen a esa nueva idea creativa.

Acceso directo
https://braidot.com/diccionario/qrp11

Desde el punto de vista neurocognitivo, la actividad creativa es un proceso mental heterogéneo que incluye diferentes propiedades del pensamiento y su integración a la experiencia de vida del individuo: facilidad para generar ideas, capacidad para la asociación semántica, originalidad de las ideas, imaginación, fantasía y procesamiento semántico.

El cerebro es naturalmente creativo. El proceso de pérdida de creatividad que se produce con los años es resultado de los límites mentales que se incorporan en la vida cotidiana. Desde la escuela se propicia lo correcto, descartando lo creativo. La propensión al pensamiento analítico se premia, en detrimento del pensamiento creativo. Este sistema sesgado y arbitrario es el dominante. Para revertir ese proceso es necesario presentarle desafíos al cerebro.

Acceso directo
https://braidot.com/diccionario/qrv27

Cromosomas

Los cromosomas se alojan en el núcleo de una célula y están formados por fibras de ADN; por lo tanto, contienen los genes que definen, entre otras cosas, las características físicas de una persona y almacenan toda la información genética.

Cada célula tiene 23 pares de cromosomas (22 pares de autosomas y un par de cromosomas sexuales). La mitad proviene de la madre y la otra mitad del padre. Los cromosomas denominados X e Y determinan el sexo: las mujeres tienen dos cromosomas X, mientras que los varones tienen un

Acceso directo
https://braidot.com/diccionario/qrp02

cromosoma X y uno Y. Es por eso que el cromosoma aportado por el varón determina el sexo del nuevo ser.

Cuerpo calloso

Se trata de un grupo de fibras nerviosas que une los dos hemisferios cerebrales. Permite que ambos hemisferios interactúen y funcionen de manera conjunta y coordinada.

D
· · · · · ·

Déficit de atención e hiperactividad (ADHD)

Dícese del proceso que impacta en la atención y afecta todas las funciones relacionadas; entre ellas, el aprendizaje, la memoria, la planificación y la realización de tareas simples.

A veces se confunde este trastorno con características de personalidad; por ejemplo, algunas personas se consideran despistadas por naturaleza cuando probablemente tienen un problema de ADHD, cuya solución depende de un tratamiento adecuado.

La base de este trastorno puede ser psicológica o neuroquímica, ya que puede originarse en un desequilibrio de los mecanismos de neurotransmisión en la corteza prefrontal. El grado en que cada persona está afectada depende de la intensidad de los síntomas, que muchas veces se confunden con problemas de memoria.

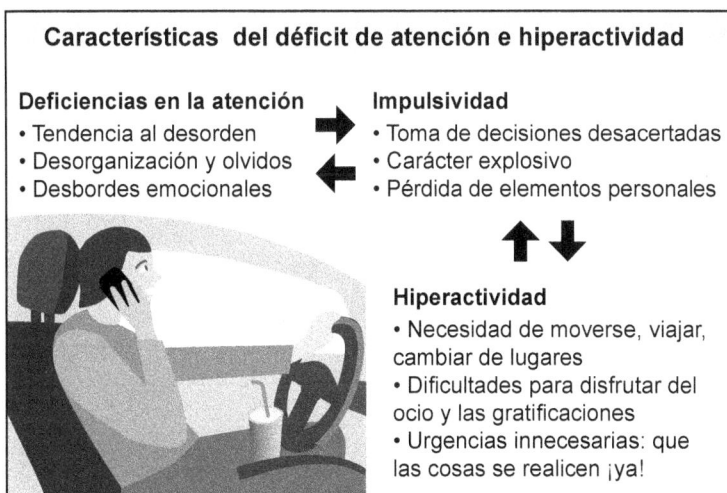

Características del déficit de atención e hiperactividad

Deficiencias en la atención
- Tendencia al desorden
- Desorganización y olvidos
- Desbordes emocionales

Impulsividad
- Toma de decisiones desacertadas
- Carácter explosivo
- Pérdida de elementos personales

Hiperactividad
- Necesidad de moverse, viajar, cambiar de lugares
- Dificultades para disfrutar del ocio y las gratificaciones
- Urgencias innecesarias: que las cosas se realicen ¡ya!

Dendrita

Las dendritas funcionan como antenas de las neuronas. Una neurona puede tener entre 1 y 20 dendritas que, a su vez, tienen una o varias ramificaciones que constituyen lo que se conoce como "arborización dendrítica".

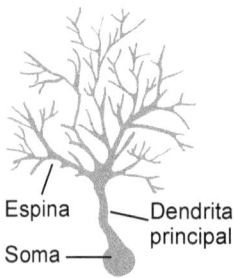

La principal función de las dendritas es recibir el impulso nervioso que procede del axón de una neurona y enviarlo hacia el soma de esa neurona, de la que forma parte. Así, las dendritas desempeñan un rol decisivo en la correcta transmisión de los impulsos eléctricos que se producen durante las sinapsis.

Puesto que las espinas dendríticas son los puntos de contacto entre las neuronas, cuantas más espinas haya, mayor será la cantidad de información que recibirá una neurona.

A medida que el cerebro se desarrolla, crece el número de dendritas. Este proceso continúa a lo largo de la vida; por lo tanto, es muy importante estimularlo mediante una nutrición adecuada, y a través del aprendizaje, la experiencia y la eliminación de rutinas y automatismos cognitivos y conductuales.

Arborización dendrítica

Espina

Soma

Dendrita principal

En el caso de que exista un trastorno de las espinas dendríticas, aparecen problemas relacionados con la cognición. Una de las consecuencias de la alteración del árbol dendrítico es el síndrome de Down.

Se ha descubierto que, además de enviar y recibir señales químicas y eléctricas, las dendritas pueden crear proteínas. Es por eso que su participación tiene gran relevancia en los procesos de aprendizaje. La formación de recuerdos a largo plazo está relacionada con la fabricación de proteínas.

Despolarización

Alude a la transferencia de iones positivos hacia el interior de una neurona, lo que elimina la diferencia del potencial entre el interior y el exterior.

Diencéfalo

El diencéfalo es la parte del encéfalo que se ubica entre el tronco encefálico y los dos hemisferios del cerebro. Consta de dos estructuras: el tálamo, que procesa la mayor parte de la información que llega al córtex cerebral desde el resto del sistema nervioso central y el hipotálamo, que regula las funciones autónomas, endocrinas y viscerales.

La información generada por los cinco sentidos es conducida hasta la corteza cerebral para su análisis e interpretación. Sin embargo, salvo el olfato, cada una de las vías sensoriales

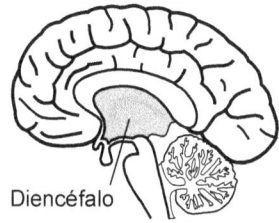

Diencéfalo

que participan en las sensaciones somáticas efectúa un relevo en el tálamo durante su camino hacia la corteza. Por esta razón, el tálamo es a menudo denominado puerta de entrada a la corteza cerebral.

Dimorfismo sexual

La expresión "dimorfismo sexual" alude a las diferencias en el aspecto externo de machos y hembras de una misma especie.

Dislexia

Con esta denominación se identifica el trastorno de aprendizaje del proceso de lectoescritura, y a veces en el habla, que se presenta en niños que no registran ninguna deficiencia en su desarrollo físico, psicológico, ni sociocultural.

Dominancia cerebral

Refiere al modelo de preeminencia del pensamiento, elaborado por William Edward Herrmann, especialista en el estudio del pensamiento creativo y padre de la técnica de las preferencias cerebrales.

Ned Herrmann estableció una esfera con cuatro cuadrantes, a partir de modelos preexistentes (McLean y Sperry): cerebro cortical izquierdo, cerebro límbico izquierdo, cerebro cortical derecho y cerebro límbico derecho. El 94% de las personas poseen atributos de más de un cuadrante.

Cada uno de los cuatro cuadrantes postulados por Herrmann determina modos particulares de crear, de aprender, de pensar, de empatizar y de actuar.

▸ *Cerebro cortical izquierdo*. Potencia el pensamiento lógico, matemático, analítico, especializado y cuantitativo. Las personas con esta preeminencia son cautelosas para decidir, distantes, con escasa gestualidad y competitivas, individualistas. Tienen una destacada inteligencia, poder crítico y sentido de la ironía.

▸ *Cerebro límbico izquierdo.* Influye en el aspecto organizador. Estructura el pensamiento en forma de secuencia. Las personas con esta preeminencia basan su proceder en el conocimiento sobre cómo funcionan las cosas. Se caracterizan por un modo de pensar conservador, de alta fidelidad y emotividad, y manifiestan interés por el poder. Su comportamiento es introvertido.

▸ *Cerebro cortical derecho.* Las personas que presentan esta preeminencia piensan en forma estratégica. Tienen una tendencia innovadora y su modo de pensar integral combina conceptos creativamente. La capacidad de anticipación de los sucesos les permite detectar aquello que pocos perciben. Poseen intuición y originalidad, combinadas con sentido del humor.

▸ *Cerebro límbico derecho.* Quienes presentan esta preeminencia tienen potenciado el aspecto comunicador. Con una alta dosis de dispersión, fundan su pensamiento en principios idealistas. Su comportamiento emocional se enlaza con una elevada percepción de la estética y de los detalles. Son extrovertidos, poseen un pensamiento lúdico y espontáneo. No suelen aceptar las críticas.

Dopamina

La dopamina es el neurotransmisor más importante del sistema nervioso. Participa en numerosas funciones, entre ellas las relacionadas con la emotividad, la conducta motora, la afectividad y la comunicación neuroendocrina. Los niveles anormales de dopamina influyen en la motivación y en el estado de ánimo. En casos extremos, provocan enfermedades graves, como el mal de Parkinson y la esquizofrenia. Este neurotransmisor se produce en muchas áreas del sistema nervioso, especialmente en la sustancia negra. Las neuronas dopaminérgicas se ubican en el área tegmental ventral (VTA), en la sustancia negra y en uno de los núcleos del hipotálamo (denominado arcuato).

▸ Tiene un rol fundamental en los sistemas de recompensa del cerebro. Estos sistemas son, en realidad, zonas cerebrales que responden ante determinados estímulos, básicamente, el área tegmental ventral y el núcleo accumbens (centros liberadores de dopamina).

▸ La dopamina está involucrada en los procesos de aprendizaje asociativo, motor y el concerniente a los hábitos.

▸ Está relacionada con estados de ánimo antagónicos: su déficit puede provocar anhedonia, aburrimiento, depresión. A la inversa, cuando los niveles son adecuados, las personas se sienten anímicamente bien.

▸ Interviene en el aprendizaje relacionado con recompensas, fundamentalmente en el aprendizaje emocional y en el sistema de motivación.

▸ Influye en el desempeño de las funciones ejecutivas, puesto que interviene en la información que fluye hacia los lóbulos frontales. Si hay alteración en sus niveles, pueden verse afectadas las funciones que dependen de la atención, la memoria de trabajo, la resolución de problemas y la toma de decisiones. Cuando los niveles de dopamina son bajos, existen dificultades de concentración. También puede observarse falta de motivación y escasa respuesta a las situaciones de recompensa.

▸ Es uno de los neurotransmisores más comprometidos en las adicciones. Cuando el cerebro sabe que una conducta será recompensada, activará los receptores de dopamina hacia esa conducta. Las drogas psicoestimulantes, como la cocaína o las anfetaminas, por ejemplo, incrementan la liberación de dopamina en el núcleo accumbens; es por ello que las adicciones provocan hacia las recompensas una actitud similar a la que se produce cuando estas son generadas por experiencias de vida, como los sentimientos de placer que se experimentan al alcanzar una meta, o enamorarse, o comprar el coche soñado, graduarse, etcétera.

E

......

Efecto *primming*

El llamado efecto *primming* está vinculado a la memoria implícita, y hace referencia a la mayor sensibilidad que se posee frente a ciertos estímulos producidos por acontecimientos previos o registrados por conocimientos preadquiridos. Así, al activarse la memoria, se privilegia la alternativa acorde con los resultados positivos obtenidos con antelación y se rechazan alternativas vinculadas a ciertas respuestas negativas que antecedan. Este efecto se activa aun cuando no se haga consciente.

Eferente

En neurofisiología, el vocablo "eferente" se utiliza para describir las vías que transportan información desde el sistema nervioso central hacia la periferia. Por ejemplo, las neuronas eferentes se ocupan de conducir los impulsos nerviosos hacia los músculos, las glándulas u otras células. La actividad en sentido opuesto se denomina "aferente".

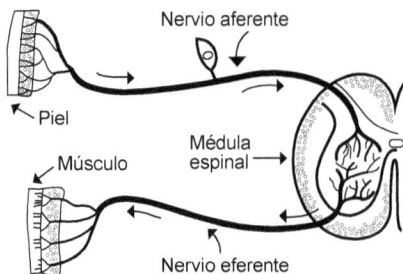

Electroencefalografía

La técnica de electroencefalografía emplea electrodos aplicados en el cuero cabelludo, para estudiar la actividad eléctrica generada por los estímulos que recibe el cerebro de la persona que se está estudiando.

Encéfalo

La palabra "encéfalo" proviene del griego y significa "dentro de la cabeza". Contiene todas las partes del sistema nervioso central ubicadas en el interior de la cavidad craneana.

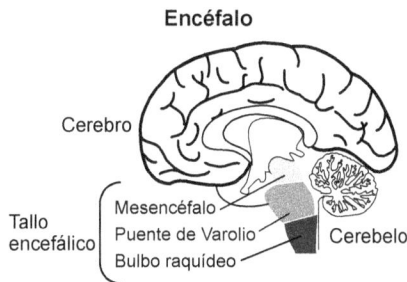

Encéfalo

Cerebro

Tallo encefálico
- Mesencéfalo
- Puente de Varolio
- Bulbo raquídeo

Cerebelo

Endorfinas

Las endorfinas pertenecen al grupo de los péptidos, es decir, pequeñas proteínas. Estas hormonas poseen la capacidad de inhibir las fibras nerviosas que transmiten el dolor.

- ▸ Son antiestresoras. Actúan sobre el cerebro provocando una disminución de la ansiedad y, paralelamente, generando una sensación de placer vinculado al bienestar.
- ▸ Desempeñan un papel decisivo en la analgesia y en la sedación.
- ▸ Tienen, a su vez, un efecto antidepresivo: cuando aumentan sus niveles, mejora el estado anímico.
- ▸ Fortalecen el sistema inmunológico. Cuando se experimenta placer, una zona del cerebro denominada septum envía una orden para que se liberen endorfinas. Estas producen un efecto sedante en el organismo y aumentan las defensas.

▸ Algunas actividades favorecen la producción de endorfinas.

- El ejercicio físico provoca un aumento de la cantidad de endorfinas presentes en sangre, lo que contrarresta la fatiga y produce una sensación de vitalidad que, a su vez, tiene su correlato en un mejoramiento de las funciones ejecutivas.

- El contacto con la naturaleza, el aire de campo, la playa o la montaña; la práctica regular de la relajación, el yoga o cualquier otra actividad afín contribuyen a la liberación de endorfinas.

- La risa tiene una notoria influencia sobre la química del cerebro y del sistema inmunológico; por eso, es la mayor y mejor fuente de endorfinas. Solo es necesario esbozar una leve sonrisa para que el septum comience a segregarlas.

- Los masajes provocan grandes descargas de bienestar, puesto que las terminaciones nerviosas en el cuello, en la espalda y en las piernas trasmiten el roce de las manos sobre la piel al cerebro, activando la secreción de endorfinas.

- La música clásica provoca la liberación de endorfinas, así como una disminución de las frecuencias cardíaca y respiratoria, además de una importante relajación muscular.

- La riqueza en la vida afectiva, las caricias, los besos y los abrazos promueven la producción de endorfinas.

Epigenética

Acceso directo
https://braidot.com/diccionario/qrp02

Esta disciplina estudia las modificaciones que suceden en la expresión de los genes por efecto del medio ambiente. Puede explicar las consecuencias que el estilo de vida de las diferentes generaciones de homínidos ha tenido sobre estos, incluidas las que influenciaron el desarrollo cerebral. La terminología "expresión de genes" alude al proceso por medio del cual un organismo transforma la información contenida en estos en las proteínas que necesita para desarrollarse y funcionar. En el plano individual, puede definirse como la capacidad de un gen para producir una proteína biológicamente activa. Los genes no se expresan todos juntos al mismo tiempo ni tampoco en todas las células (excepto los denominados genes constitutivos). Así, se ponen en *on* o en *off*, según la etapa de la vida que esté atravesando una persona. Cuando los genes se modifican, estas variaciones pueden ser heredadas.

Epinefrina (adrenalina)

Esta hormona actúa también como neurotransmisor. Es la sustancia que se segrega frente a los desafíos importantes. Influye en el estado de ánimo y, consecuentemente, en el desempeño de las funciones ejecutivas. Cuando el índice de adrenalina en sangre es muy alto, se puede experimentar fatiga, falta de concentración y de atención. También es común que se presenten problemas de insomnio y ansiedad. Pero cuando el índice es muy bajo, puede estar relacionado con desinterés y aburrimiento.

> ▸ Está vinculada con la formación de la memoria emocional. Cuando sus niveles son moderadamente superiores, disminuye la tensión y se propicia el relajamiento. Por ejemplo, la risa hace segregar adrenalina en cantidad suficiente como para relajar la tensión.
> ▸ En situaciones extremas, la descarga de adrenalina es intensa. En este caso, la ventaja es que los tiempos de reacción son mucho más rápidos, pero la desventaja es que estas son más instintivas y menos elaboradas.
> ▸ Interviene en los procesos atencionales, especialmente en la atención selectiva; consecuentemente, en el estado de vigilia, así como en los mecanismos de recompensa y en el registro de la información que pasará a formar parte de la memoria.

Epitálamo

El epitálamo es un área que pertenece al sistema límbico. Consiste en un conjunto de núcleos que forman las regiones más primitivas del tálamo: la habénula, la glándula pineal y la estría medular.

Especialización hemisférica

Se define como especialización hemisférica a las particularidades bioquímicas, funcionales y anatómicas de cada una de las áreas cerebrales que las iguala y las distingue. Las especificidades de cada una permiten que se acoplen para operar de modo coordinado y único.

La especialización hemisférica se puede clasificar por hemisferios (izquierdo y derecho) o por lóbulos (occipital, parietal, frontal).

Espinas dendríticas

Son protuberancias de las dendritas de una neurona en la que se ubica la mayor parte de las sinapsis. Se denomina neurona con espinas o excitadora a la neurona que posee espinas dendríticas. La que no las posee es denominada neurona inhibidora.

Estimulación magnética transcraneana

Consiste en la colocación de un dispositivo sobre el cuero cabelludo, cerca de la frente. El equipo emite un estímulo magnético indoloro que activa las células nerviosas cuya actividad se estima disminuida. Este procedimiento no invasivo es empleado esencialmente en la terapia aplicada a la depresión.

A diferencia de otras terapias, este tratamiento no requiere cirugía ni implante de electrodos. Su aplicación puede producir efectos secundarios como dolor de cabeza, vértigo, sensibilidad en el cuero cabelludo donde se produjo la estimulación, y espasmos u hormigueo en los músculos faciales.

Estrógenos

Los estrógenos son hormonas que determinan los caracteres sexuales femeninos. Desempeñan un rol importante, tanto en la neuroplasticidad como en la neurogénesis adulta del hipocampo. Se ha observado que los estrógenos regulan tanto el desarrollo como la maduración y la supervivencia de neuronas nuevas. Estas hormonas actúan sobre diversos órganos y en variedad de situaciones. Están relacionadas con la actividad sexual, con las funciones endocrinas y con los neurotransmisores.

Acceso directo
https://braidot.com/diccionario/qrp24

Etapas del sueño

El sueño está conformado por una sucesión ordenada de etapas que se repiten durante cuatro o cinco ciclos: la fase NO REM, que comprende el sueño ligero y, gradualmente, avanza hacia el sueño profundo, y la fase REM, caracterizada por movimientos oculares rápidos.

La etapa REM (*rapid eye movement*, en inglés, debido al característico movimiento de los ojos) indica que el cerebro está muy activo cuando dormimos. Si el sujeto prácticamente no se mueve es porque el tronco cerebral bloquea el trabajo de las neuronas motoras. Se calcula que el 85% de los sueños intensos se producen en esta etapa.

Durante el sueño, la información que registra el cerebro en el período de vigilia se transfiere desde la región del hipocampo hasta la corteza cerebral. Estas últimas estructuras poseen un rol determinante en los aspectos cognitivos, como la consolidación de recuerdos.

Exteroceptivo

El sistema exteroceptivo está formado por un conjunto de receptores sensitivos distribuidos por la piel y las mucosas. Se ocupa de recibir estímulos del medio ambiente y de los nervios que llevan información sensitiva al sistema nervioso central.

F

·······

Fibra nerviosa

Se trata del conjunto integrado por el axón y la membrana que lo envuelve, asociados en grupos por medio de tejido conjuntivo. Las fibras nerviosas aferentes transportan señales sensoriales, por ejemplo las surgidas de los sentidos, en tanto que las eferentes portan estímulos desde el cerebro hacia las glándulas y los músculos.

Fisura cortical

Dícese de un caso avanzado de microfisuras producto de un exceso de trabajo muscular y/u óseo en cantidad o intensidad. Suele aparecer en las extremidades, como fracturas incompletas en la parte delantera externa del hueso. La sintomatología incluye dolor, inflamación o incapacidad para caminar con normalidad. En deportología se las suele llamar fracturas por estrés.

Cada hueso está formado por una sección cortical (compacta y firme) y otra trabecular (de condiciones esponjosas y con menor densidad). Es la primera parte la que soporta los músculos y los tendones para producir los movimientos.

En la práctica deportiva, es la estructura cortical la que soporta los impactos sobre el piso. A su vez, es el área ósea que más lentamente se recupera.

fMRI (resonancia magnética funcional por imágenes)

La fMRI es una técnica que proporciona información estructural, anatómica y metabólica del cerebro. Cada una de las exploraciones, que permiten ver qué zonas se activan y cuáles permanecen inmutables ante determinados estímulos, se denomina *scan*. Como el cerebro necesita aproximadamente medio segundo para reaccionar ante un estímulo, se pueden observar zonas de actividad en distintas partes, considerando ese intervalo.

Esta técnica ha sido una de las más utilizadas para establecer las localizaciones cerebrales que hoy se conocen. En medicina, proporciona información de relevancia para tratar determinados tipos de enfermedades y visualizar el efecto de los fármacos en las zonas afectadas. En otras disciplinas, como el neuromanagement, el neuromarketing y la neuroeconomía, se utiliza para analizar cómo responde el cerebro ante determinados estímulos.

La investigación experimental en neurociencias utiliza diversos equipos y tecnologías. Por lo general abarca cuatro etapas:

1. observación;
2. reproducción (repetir la experiencia o hacer observaciones similares para descartar la posibilidad de azar);
3. interpretación;
4. verificación.

Formación reticular

La formación reticular consiste en un conjunto de neuronas que se extiende desde la médula espinal hasta el tálamo. Sus estructuras diferenciadas permiten resolver una serie de funciones: mediar en la percepción de dolor, regular el ciclo circadiano de sueño/vigilia, operar en el funcionamiento de las vísceras y ejercer influencia en los movimientos voluntarios.

Fórnix

Estructura de sustancia blanca que conecta distintas regiones del encéfalo, como el hipocampo, el tálamo, el hipotálamo, los núcleos septales y el núcleo accumbens. Tiene forma de una medialuna que atraviesa los dos hemisferios. Interviene en procesos cognitivos muy importantes, particularmente en la memoria.

Funciones ejecutivas

Se denomina funciones ejecutivas al conjunto de habilidades cerebrales implicadas en la generación, la supervisión, la regulación, la ejecución y el reajuste de conductas orientadas a una meta. En todas las actividades que normalmente definimos como intelectuales, afectivas y sociales están presentes las funciones ejecutivas.

Acceso directo
https://braidot.com/diccionario/qrp12

Anatómicamente, las funciones ejecutivas dependen de los lóbulos frontales, que ocupan un tercio de la corteza cerebral y son fundamentales para planificar acciones, regularlas, cambiarlas e inhibirlas.

Para un desempeño eficaz, las funciones ejecutivas necesitan de la atención, la memoria y la flexibilidad cognitiva; esto es, de la capacidad para considerar múltiples aspectos en forma simultánea. Si bien intervienen en la vida afectiva, las funciones ejecutivas se consideran cognitivas por excelencia, ya que desempeñan una especie de liderazgo.

Por ejemplo, para que un individuo pueda comentar que se ha comprado un coche, debe tener habilidad lingüística para elaborar su relato, memoria para recordar la marca, el color y sus características técnicas, capacidad visoespacial para orientarse y conducirlo sin chocar, etc. También necesita una función que coordine a las otras.

Acceso directo
https://braidot.com/diccionario/qrv21

Esto tiene su correlato en la neurobiología, ya que la corteza prefrontal recibe información proveniente de procesos internos (emocionales, motivacionales y somatosensoriales) y se vale de mecanismos como la atención y la memoria para integrarlos y, de este modo, guiar la toma de decisiones y la conducta orientada a una meta.

Puesto que la autoevaluación y el autocontrol también dependen de un correcto funcionamiento de este sistema, se lo suele definir como el "cerebro del cerebro".

G
· · · · · · ·

GABA

Esta es la sigla del ácido gamma-aminobutírico, una sustancia que se forma a partir de otro aminoácido, el glutamato. Es el principal neurotransmisor inhibitorio. Al reducir la excitabilidad de las neuronas, lentifica las conexiones que se establecen entre ellas.

La deficiencia o ausencia de inhibición neuronal a través del GABA puede desencadenar enfermedades neurológicas, como la epilepsia.

▸ Actúa sobre los procesos de ansiedad. Cuando los niveles de GABA son bajos, se pueden producir trastornos en este sentido.
▸ Junto con el glutamato, regula la excitabilidad de un gran número de neuronas, pero mientras que el GABA actúa como inhibidor, el glutamato lo hace como excitador.
▸ Está involucrado en el desempeño de las funciones ejecutivas. Un desequilibrio de sus niveles afecta a los sistemas de atención y procesamiento de la información, incluido el funcionamiento de la memoria declarativa, integrada por los recuerdos y los conocimientos.
▸ Al ser un neurotransmisor inhibitorio, contribuye a la disminución del estrés. En algunos tratamientos antiestrés se suministra esa sustancia, puesto que los efectos relajantes comienzan a aparecer rápidamente.

Ganglios basales

Estos ganglios están integrados por un conjunto de núcleos de sustancia gris que se encuentran cerca de la base del cerebro, en ambos hemisferios. Se conectan con la corteza, el tálamo y el tronco encefálico. Están conformados por el núcleo caudado y el putamen, el globo pálido, el núcleo subtalámico y un conjunto de células que son denominadas sustancia negra.

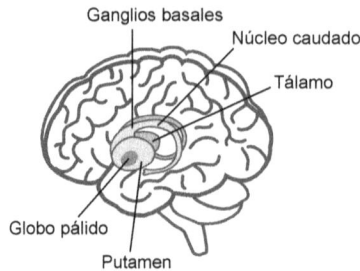

Los ganglios basales son fundamentales para la iniciación, secuenciación y sincronización del movimiento, así como para la asignación de los músculos que intervendrán según el caso, y para la ejecución de los programas automáticos relacionados.

Los movimientos controlados por estas estructuras, como abrir o cerrar una puerta, si bien son voluntarios, generalmente se realizan en forma automática, no consciente; es por esto que la mayor parte de las rutinas son conducidas por los ganglios basales. De este modo, alivian la tarea de procesamiento de la corteza prefrontal, ahorrando energía cerebral. Están implicados en la iniciación de los programas que corrigen los movimientos: cuando una persona se equivoca, los ganglios basales se ocupan de realizar los ajustes necesarios rápidamente y con precisión. Además, participan en el aprendizaje procedural requerido por las tareas motoras; por ejemplo, montar en bicicleta. En este caso, al principio, el cerebro se concentra en articular movimientos para sostener el equilibrio, pero al cabo de un tiempo, estos se realizan automáticamente, debido a que este tipo de aprendizaje conlleva una transferencia desde las zonas conscientes hacia las no conscientes. Cuando ya se ha adquirido la destreza, la actividad queda a cargo de los ganglios basales y el cerebelo.

Los ganglios basales involucran, entre otros, los siguientes neurocircuitos:

▸ Prefrontal-dorsolateral (cognición, memoria espacial).
▸ Límbico (motivación, emoción y afecto).
▸ Oculomotor (movimientos oculares).

Gen

Consiste en partículas que se localizan en los cromosomas y a las cuales está ligada la información genética. Los genes son programas biológicos que regulan el funcionamiento de las células, puesto que son fragmentos de ADN (ácido desoxirribonucleico) protegidos dentro de los cromosomas, que contienen instrucciones para la producción de diferentes proteínas.

Genética

Es la ciencia que focaliza su estudio en la herencia biológica, es decir, en los caracteres hereditarios que se transmiten de generación en generación entre los seres vivos. Su principal objetivo de estudio son los genes.

Acceso directo
https://braidot.com/diccionario/qrp02

Genoma

Es la serie completa de genes contenidos en los cromosomas de un organismo. Se calcula que el genoma humano está compuesto por aproximadamente 28.000 genes, pero esta cifra continúa en discusión.

Giro

Circunvolución de la corteza cerebral como resultado de plegarse sobre sí misma.

Giro dentado

Circunvolución de sustancia gris ubicada debajo del borde medial del hipocampo, conectándolo con la corteza. Es una estructura crucial en la memoria y se ha observado que tiene capacidad para generar nuevas neuronas; es decir, que está implicada en la neurogénesis.

Glándulas endocrinas

Son aquellas que segregan hormonas en el torrente sanguíneo, que se encarga de llevarlas a los órganos y a los tejidos del organismo. Entre ellas se cuentan la tiroides, la hipófisis, la glándula pineal, el hipotálamo, el timo, las suprarrenales, el páncreas, los ovarios y los testículos.

Glándulas exocrinas

Se aplica esta denominación a aquellas glándulas que, distribuidas en diferentes locaciones del organismo, secretan sustancias no hormonales que tienen a cargo funciones determinadas. Algunas de ellas son las lagrimales, el páncreas, las glándulas mamarias, las salivales, las sudoríparas, etcétera.

Glándula pineal

Esta glándula es la fuente de la melatonina, una hormona que interviene tanto en la regulación de los cambios fisiológicos estacionales como en los ritmos circadianos.

Glía

Las células gliales constituyen el conjunto de células más abundante en el sistema nervioso. Su función consiste en proporcionar sostén y nutrición a las neuronas.

Astrocito

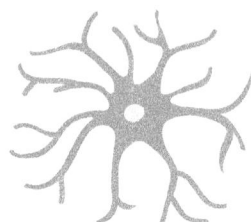

Las principales células de la glía son los astrocitos, que se entretejen alrededor de las neuronas formando una barrera denominada barrera hematoencefálica.

Esta estructura controla el paso del oxígeno, de las hormonas y de los nutrientes hacia las neuronas y evita el ingreso de sustancias tóxicas. Sin embargo, no tiene la información suficiente para impedir el paso de la nicotina ni de algunas drogas, como la heroína, que tienen un efecto nocivo sobre el sistema nervioso.

Las funciones de la glía siguen siendo objeto de investigación y solo se conocen algunas. Por ejemplo:

▸ Estas células participan en la nutrición y el soporte de las neuronas. Además, desempeñan un papel esencial en la formación de las redes neuronales, puesto que intervienen en el procesamiento cerebral de la información.
▸ La glía es fundamental en el proceso de desarrollo del cerebro desde la fase embrionaria, puesto que dirige las migraciones neuronales. Sin la glía no serían posibles ni el desarrollo ni la evolución, ni el desempeño normal de las neuronas.
• Este grupo de células es clave en los estados asociados con dolor patológico. Los analgésicos que se conocen hoy actúan sobre las neuronas, lo cual explicaría por qué, en algunos casos, no resultan eficaces.

- Tienen un rol trascendental para la salud y el funcionamiento del sistema nervioso; por ejemplo, defender a las neuronas de agentes patógenos que puedan afectarlas. Así, ante una lesión, estas se multiplican y participan activamente, y también las protegen, mediante la vaina de mielina que recubre los axones. Además, remueven los residuos derivados de la actividad neuronal; es por esto que se dice que actúan como el basurero del cerebro.
- Son protagonistas en la transmisión sináptica, puesto que regulan los neurotransmisores. Algunos estudios sostienen que la glía forma redes paralelas con conexiones sinápticas propias.

Glioblasto

Se trata de una célula madre que da origen a diferentes tipos de células gliales.

Globo pálido

El globo pálido consiste en una diminuta estructura ubicada dentro del putamen, que participa de una amplia red de conexiones cerebrales. Desempeña un rol activo en varios sistemas de procesamiento de información y se lo considera un componente de suma importancia en el sistema que controla los movimientos voluntarios.

Glutamato

El glutamato es uno de los neurotransmisores más abundantes en el sistema nervioso, puesto que interviene prácticamente en todos los neurocircuitos. Resulta fundamental en los mecanismos del metabolismo, en el crecimiento celular y en el funcionamiento del cerebro. Sus receptores, denominados NMDA (N-metil-D-aspartato), participan en los procesos de aprendizaje y en la memoria. Sin embargo, un desequilibrio que genere la liberación excesiva de glutamato puede provocar la muerte de algunas neuronas y ciertas enfermedades, entre ellas, la epilepsia.

El cuerpo humano genera aproximadamente 50 gramos de glutamato por día; la mayor parte se metaboliza y se utiliza como fuente de energía. Junto con el aspartato, constituye el principal sistema de neurotransmisores excitatorios.

▶ El glutamato es una de las principales sustancias implicadas en los procesos de neuroplasticidad, ya que interviene en aproximadamente el 75% de la transmisión excitatoria rápida. Esta función es tan importante que, si se inhibieran los receptores NMDA, se podría bloquear esta capacidad del cerebro consistente en formar y reformar redes neuronales.

▶ Esta sustancia resulta fundamental en el proceso cognitivo. Así, cuando los niveles de glutamato son bajos, disminuye el desempeño de las funciones ejecutivas; en cambio, cuando son demasiado altos pueden provocar la muerte neuronal.

▶ Es crucial en la formación de la memoria. Se ha observado que participa del registro de información nueva. Si se lo inhibe con alguna sustancia, se produce una alteración en los mecanismos de potenciación a largo plazo, lo cual dificulta o imposibilita la fijación posterior del recuerdo. Estudios recientes indican que su inhibición provoca amnesia anterógrada; es decir, que la información nueva no ingresa en la memoria de largo plazo.

▶ En el caso del aprendizaje por condicionamiento clásico (véase Aprendizaje), se ha observado que la acción conjunta del glutamato y la dopamina induce mecanismos de plasticidad sináptica, modificando los neurocircuitos involucrados.

Glutamina

Esta sustancia, habitualmente conocida como L-glutamina, es uno de los 20 aminoácidos involucrados en la composición de las proteínas.

Este es un aminoácido no esencial, lo que significa que el organismo puede sintetizarlo a partir de la ingesta de alimentos. Su presencia en los músculos puede alcanzar niveles de hasta un 60%. También es alto su registro en el plasma sanguíneo, en el líquido cerebral y en la médula espinal.

La glutamina se vincula estrechamente con el funcionamiento metabólico. La demanda de este aminoácido se incrementa con el aumento del estrés físico o mental.

H
·······

Habénula

La habénula es una parte evolutivamente antigua y muy pequeña, ubicada en el
diencéfalo. Cuenta con numerosas conexiones con la glándula pineal. Se cree que
esta zona está relacionada con la disminución de la motivación, con el pesimis-

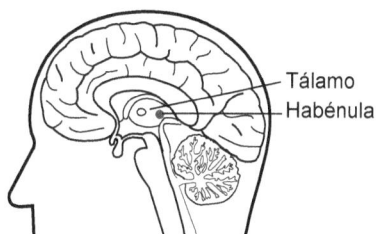

Tálamo
Habénula

mo y con las experiencias negativas. Algunas investigaciones han asociado a la
habénula con el comportamiento emocional, con el estrés, y con la recompensa
basada en la toma de decisiones y en el aprendizaje.

Se sugiere que la habénula participa de los mecanismos del sueño, del
aprendizaje y de la memoria. Existen estudios que han demostrado el aumento
de la actividad habenular en los pacientes que sufren depresión.

Asimismo, numerosos estudios confirmaron que la habénula medial desempeña un papel decisivo en la función motora, en el refuerzo primario (hambre,
sueño, sexo, etc.) y en el estado hedónico, mientras que la habénula lateral se
encuentra relacionada con la memoria, con la predicción de recompensa y también con la depresión.

Habituación

Esta es una forma de aprendizaje no asociativo. Se
caracteriza por la reducción o ausencia de respuesta ante un estímulo repetitivo. Ocurre que el cerebro
se habitúa cuando aprende a ignorar el sonido del
motor mientras se conduce, o un conjunto de ruidos
que se producen en el hogar y resultan familiares.
Es un fenómeno relacionado con el acostumbra-

Acceso directo
https://braidot.com/diccionario/qrp06

miento. Cuando se multiplica o se generaliza en un ámbito determinado, se consolidan las rutinas y disminuye la capacidad atencional debido a que el cerebro deja de responder ante la presentación repetida de un mismo estímulo. Por ello, la neuroeducación insiste en generar ámbitos ricos en calidad y variedad de actividades durante los procesos de aprendizaje. También, los planificadores de medios saben en qué momento retirar el comercial de un producto o servicio porque el *target* ya no lo registra. Asimismo, los padres bien informados van cambiando los juguetes de los niños para que activen diferentes áreas cerebrales.

Haz de axones

La expresión se refiere a un conjunto de axones que se proyecta desde un núcleo o que sale de él. A esta estructura también se la denomina tracto. Los tractos llevan la información desde un lugar a otro dentro del sistema nervioso central.

Hemisferios cerebrales

Los hemisferios cerebrales se corresponden con las dos partes en que está dividido el cerebro. Se conectan entre sí por una estructura denominada cuerpo calloso. Si bien su apariencia es similar, tienen distintas funciones. (Véase hemisferio izquierdo y hemisferio derecho.)

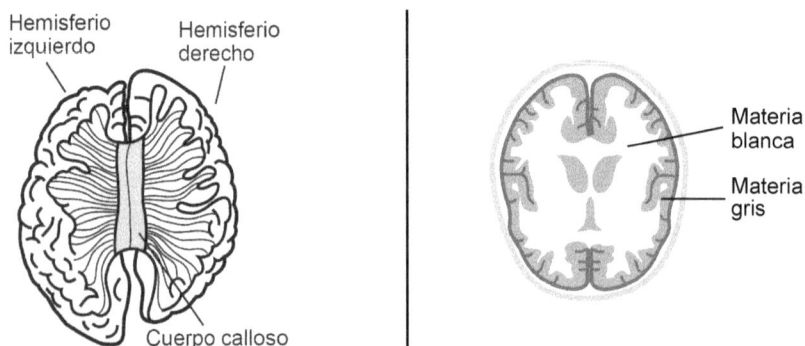

En las zonas internas, ambos hemisferios están formados por materia blanca y en la superficie, por materia gris. Entre ambos, se encuentra la cisura longitudinal cerebral, en cuya profundidad se ubica el cuerpo calloso, masa de sustancia blanca atravesada por las fibras que interconectan ambos hemisferios.

La materia gris está formada por somas o núcleos neuronales, mientras que la materia blanca está integrada por fibras nerviosas mielinizadas, que son las que recubren los axones de las neuronas.

Cada hemisferio cuenta con varios surcos que separan los lóbulos frontal, parietal, occipital, temporal, y la ínsula, considerada por algunos autores como el quinto lóbulo.

Acceso directo
https://braidot.com/diccionario/qrp13

En el cerebro femenino los lóbulos frontales poseen mayor densidad celular que en el cerebro masculino (aproximadamente un 15%) y las áreas del hemisferio izquierdo relacionadas con el lenguaje son, en promedio, un 25% más grandes en la mujer que en el varón. La neurociencia ha descubierto que las mujeres procesan las palabras con los dos hemisferios, por lo que se atribuye a esta predisposición anatómica la mayor capacidad para manejarse verbalmente.

Acceso directo
https://braidot.com/diccionario/qrv22

La especialización de cada mitad del cerebro fue confirmándose a partir de investigaciones que evaluaron variables como el pensamiento analítico (cerebro izquierdo) y el pensamiento holístico (cerebro derecho). Los modernos escáneres cerebrales y las diversas técnicas que se utilizan para mirar el cerebro por dentro permiten observar claramente que las dos mitades funcionan en forma específica.

Diferencias funcionales hemisféricas

Hemisferio izquierdo
- Procesos verbales
- Lenguaje
- Cálculo
- Lógica
- Análisis
- Orden
- Secuencias
- Ritmo
- Sentido del tiempo
- Controlador
- Normas
- Relaciones causa-efecto
- Jerarquías

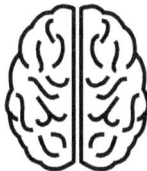

Hemisferio derecho
- Procesos no verbales
- Visualización tridimensional
- Reconocimiento y expresión de emociones
- Creatividad
- Capacidades visuespaciales
- Imaginación
- Pensamiento holístico intuitivo
- Orientación
- Comprensión de metáforas
- Comprensión del significado de expresiones faciales

Hemisferio derecho

Esta es el área del cerebro que se ocupa de los procesos no verbales, el pensamiento holístico, de la comprensión de metáforas y del significado de las expresiones faciales.

Del hemisferio derecho dependen la imaginación y la creatividad, las capacidades visoespaciales, la visualización tridimensional y la orientación. Este hemisferio trabaja con una modalidad simultánea o paralela, lo que le permite procesar una mayor cantidad de información, en comparación con el hemisferio cerebral izquierdo.

El hemisferio derecho es holístico, percibe el entorno de manera integral. Además, está implicado en los procesos cognitivos no conscientes. Interviene en los procesos creativos y está relacionado con las expresiones artísticas.

Hemisferio izquierdo

Está implicado en el desarrollo del lenguaje, del cálculo y del razonamiento lógico. También, en la capacidad analítica, en el sentido del tiempo y en la habilidad para trabajar en forma ordenada y secuencial, para analizar las relaciones causa-efecto e identificar jerarquías. Funciona en modo secuencial, de manera que procesa menos ítems o menor información, si se lo compara con el hemisferio cerebral derecho. Por lo general, este hemisferio procesa información simbólica, así como lenguaje verbal y significados semánticos verbales. Es analítico, cuantitativo y matemático. Está implicado en los procesos cognitivos conscientes tales como percepción, atención y memoria.

Hipocampo

Está localizado en la parte medial del lóbulo temporal. Es una estructura crucial para la ubicación espacial y para la memoria. Es muy sensible al estrés y los shocks nerviosos, en cuyo caso los recuerdos se forman de manera fragmentada.

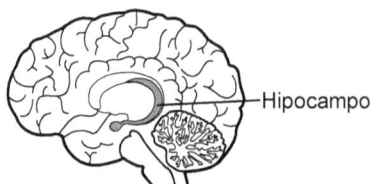
Hipocampo

En el cerebro femenino, el hipocampo tiene un mayor tamaño, así como los circuitos cerebrales que registran las emociones de los demás. Esta configuración morfológica hace que, en promedio, el género femenino tenga mayor capacidad para recordar en forma minuciosa los episodios con carga emocional.

▸ Es una estructura de gran plasticidad. Mediante el fenómeno de neurogénesis genera neuronas nuevas durante la vida adulta, fenómeno que puede potenciarse empleando técnicas de entrenamiento físico y cerebral.

▸ Coordina la información que origina los recuerdos. Sus neuronas tienen amplias conexiones con las zonas de la corteza cerebral que registran los estímulos sensoriales.

▸ Tiene un rol activo en el aprendizaje y la adquisición del conocimiento conceptual. Crea redes de asociación entre múltiples recuerdos. Por ejemplo, ante la percepción de un objeto, coordina la imagen con la información que existe en el cerebro sobre él. Una de las razones por las cuales el aprendizaje emocional es el más efectivo, se debe a que el hipocampo tiene amplias conexiones con la amígdala cerebral, relacionada con la emoción y los sentimientos.

▸ Segmenta los recuerdos organizados temporalmente. Se ha observado que algunas células de esta estructura se activan en momentos sucesivos entre varios eventos, mediante un fenómeno que se conoce como "relleno de lagunas mentales"; por lo tanto, está involucrado en la construcción de falsas memorias.

▸ Contribuye a la formación del contenido de los sueños y, posteriormente, de su recuerdo porque su actividad aumenta durante la fase REM.

▸ Al crear y almacenar conceptos básicos que después pasan a la corteza prefrontal, interviene en los procesos de toma de decisiones del lóbulo prefrontal, de donde se extraen y se utilizan cuando la situación lo requiere.

Hipotálamo

Está constituido por células neuroendocrinas y constituye el nexo entre el sistema nervioso central –por donde circulan los neurotransmisores y el sistema endocrino. (Véase hormonas.)

▸ Es una estructura muy pequeña, que en los adultos ocupa el 0,3% del cerebro. Sin embargo, desempeña funciones muy importantes.

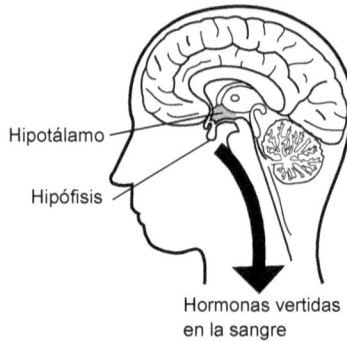

Hipotálamo

Hipófisis

Hormonas vertidas
en la sangre

▸ Se ubica por arriba de la hipófisis, se extiende por debajo del tálamo y está íntimamente relacionado con la amígdala.

▸ La mayor concentración de receptores para hormonas femeninas y hormonas masculinas del cerebro –andrógenos, estrógenos y progesterona– se ubica en el hipotálamo. Es por esto que se lo considera una especie de interfase que facilita el intercambio de información entre el sistema nervioso y el sistema endocrino-hormonal.

▸ Regula el hambre y la sed; por lo tanto, está involucrado en el trastorno de obesidad.

▸ Regula el comportamiento sexual. En ambos géneros son diferentes los grados de activación del cerebro ante distintos estímulos sexuales. Se ha observado que la amígdala medial y el hipotálamo se activan más en los varones que en las mujeres cuando observan imágenes de contenido erótico.

▸ Contiene el "termostato" del cerebro, ya que regula su temperatura, que oscila entre 36,5 y 38 grados centígrados.

▸ Controla el sueño y la vigilia —ciclo o ritmo cicardiano—. El reloj biológico –que rige las funciones fisiológicas– está situado en un núcleo de esta estructura, denominado núcleo supraquiasmático.

▸ En el hipotálamo se produce la oxitocina. (Véase oxitocina.)

▸ Interviene en la regulación de los niveles de estrés. Esta función se relaciona con la cantidad de oxitocina: cuando aumentan los niveles de oxitocina, se reduce el estrés.

▸ Está involucrado en funciones emocionales. Al estimular el hipotálamo mediante electrodos se observaron reacciones físicas (entre ellas, alteraciones en el ritmo cardíaco y la presión arterial) que tuvieron su correlato en la conducta: ira y agresión.

▸ También participa en la expresión fisiológica de las emociones, debido a la secreción de sustancias químicas, denominadas neuropéptidos, que desencadenan conductas como rabia y angustia, entre otras. Estas sustancias activan grupos diferentes de neuronas en la amígdala, que responde con señales que provocan cambios en el ritmo cardíaco, en la presión sanguínea o en la frecuencia respiratoria.

▸ El hipotálamo es la fuente de –por lo menos– nueve hormonas que actúan estimulando o inhibiendo la secreción de otras. Produce las hormonas peptídicas, que actúan sobre el lóbulo anterior de la hipófisis, la hormona antidiurética (ADH) y la oxitocina, que se almacenan en el lóbulo posterior de la hipófisis, desde donde son liberadas.

▸ Además de la oxitocina, el hipotálamo también produce la vasopresina, hormonas de gran importancia en relación con la conducta.

Hormonas

Las hormonas son moléculas segregadas por células especializadas, localizadas en las glándulas endocrinas, y también por células epiteliales e intersticiales. Son transportadas por el torrente sanguíneo a otros órganos y tejidos, donde ejercen efectos específicos.

Acceso directo
https://braidot.com/diccionario/qrp24

Son necesarias para el crecimiento y el desarrollo; también para el metabolismo —el modo en el que el cuerpo obtiene energía de los alimentos que se consumen—, para la regulación de las actividades sexual y reproductiva, e intervienen, además, en el estado de ánimo. Las hormonas pertenecen al grupo de los mensajeros químicos, que incluyen a los neurotransmisores y a las feromonas.

Muchas sustancias actúan como neurotransmisores y también como hormonas. Los neurotransmisores llevan información a través de vías nerviosas. Las hormonas lo hacen por vía sanguínea.

Existen dos grandes tipos de hormonas: las peptídicas y las lipídicas. Las primeras están formadas por diferentes cadenas de aminoácidos; por ejemplo, la insulina o la tiroxina. Las segundas están derivadas del colesterol; por ejemplo, la progesterona o la aldosterona.

Existen hormonas naturales y hormonas sintéticas. Tanto unas como otras se emplean en el tratamiento de ciertos trastornos, cuando es necesario aumentar sus niveles si son menores de lo normal.

Las hormonas actúan mediante dos mecanismos diferentes. Algunas entran libremente a las células, donde se combinan con un receptor intracelular. Otras se combinan como moléculas receptoras sobre la superficie de las membranas de las células objetivo. En el primer caso, a combinación hormona-receptor puede ingresar al citoplasma o puede provocar la liberación de un "segundo mensajero" que desencadena una serie de acontecimientos dentro de la célula.

Las hormonas sexuales son las sustancias que fabrican y segregan las glándulas sexuales. Las masculinas son los andrógenos (como la testosterona, la androsterona y la androstenediona) y las femeninas son los estrógenos (como la estrona, el estradiol y el estriol). Las hormonas que controlan los ciclos sexuales regulan también el comportamiento sexual, como la territorialidad, la agresividad y la búsqueda de pareja.

PRINCIPALES HORMONAS	
Adrenalina	Norepinefrina
Adrenocorticotropa	Oxitocina
Aldosterona	Paratohormona
Antidiurética	Progesterona
Calcitonina	Prolactina
Cortisol	Relaxina
Eritropoyetina	Secretina
Estrógenos	Somatotropa
Foliculoestimulante	Sopresina
Glucagón	Testosterona
Hormona del crecimiento	Timosina
Insulina	Tirotropina
Luteinizante	Tiroxina
Melatonina	Triyodotironina
Noradrenalina	

Hormonas esteroideas

Se denomina hormona esteroidea a un esteroide que actúa como una hormona. Las hormonas esteroideas pueden ser agrupadas en cinco grupos, según el receptor al que se unen: glucocorticoides, mineralocorticoides, andrógenos, estrógenos y progestágenos. Los derivados de la vitamina D constituyen un sexto sistema hormonal estrechamente relacionado con receptores homólogos.

El término esteroide refiere tanto a las hormonas producidas por el cuerpo como a los medicamentos elaborados artificialmente, que duplican la acción de los esteroides de origen natural.

Las hormonas esteroideas contribuyen al control del metabolismo. También participan de las funciones inmunológicas, del equilibrio de sal y agua, del desarrollo de las características sexuales, así como en la capacidad de resistir enfermedades y lesiones.

En los seres humanos hay dos grupos principales de hormonas esteroideas: los glucocorticoides y los mineralocorticoides, segregados por la corteza suprarrenal. Además, la médula suprarrenal está formada por células neurosecretoras, cuyas terminales liberan adrenalina y noradrenalina en el torrente sanguíneo.

Existen tres hormonas implicadas en la regulación de la glucosa sanguínea que provienen del páncreas: la insulina, el glucagón y la somatostatina.

I
· · · · · · ·

Impulso nervioso

Cuando una neurona es estimulada, se originan cambios eléctricos que empiezan en las dendritas, pasan por el cuerpo neuronal, y terminan en el axón. Un impulso nervioso es el movimiento de propagación de un potencial de acción a lo largo de un axón y solo se propaga en un sentido.

El impulso nervioso no se transmite con la misma velocidad en todas las neuronas. Esto depende de si el axón está rodeado por células de Schwann o no. Estas producen una sustancia blanca —la vaina de mielina— que impide el paso del impulso nervioso y hace que este tenga que "saltar" entre los espacios carentes de vaina de mielina (nódulos de Ranvier), por lo que la velocidad será mayor. Este tipo de propagación se denomina "conducción o propagación saltatoria".

El impulso nervioso se propaga con mayor velocidad en los axones con mielina, puesto que la generación de potenciales no se realiza punto por punto a lo largo de todo el axón, sino solo en los nódulos de Ranvier, ya que, al ser la mielina un aislante eléctrico, no permite el paso de cargas a través de ella.

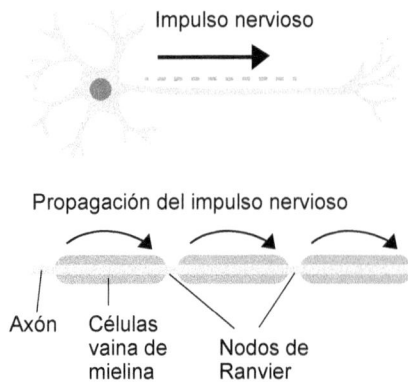

Impulso nervioso

Propagación del impulso nervioso

Axón   Células vaina de mielina   Nodos de Ranvier

Además de aumentar la velocidad de propagación, la mielina ahorra energía. Esto se evidencia cuando entran los iones de sodio después de un potencial de acción y la bomba de sodio-potasio tiene que gastar energía para expulsarlos. Pero en las neuronas con mielina, este proceso solo se da en los nódulos de Ranvier, por lo que se ahorra energía.

Inhibición de respuesta (TDAH)

El síndrome de TDAH (Trastorno de Atención e Hiperactividad) es un trastorno que inhabilita para una respuesta adecuada a los estímulos, tanto internos como externos, al producir distracciones. El sujeto no puede concentrarse en un estímulo e inhibir los otros concordantes en tiempo y/o espacio, a fin de que no interfieran en la realización de la tarea requerida.

Ínsula

La ínsula (llamada también quinto lóbulo o lóbulo central) está ubicada en las profundidades del cerebro y está dividida en dos partes —la ínsula anterior y la ínsula posterior. Es una zona caracterizada por conexiones complejas entre el sistema límbico y el neocórtex.

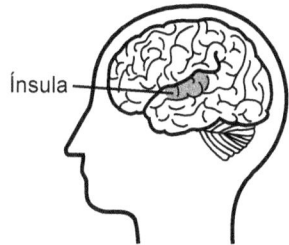
Ínsula

▸ Su rol en el registro del dolor y de las emociones es de tal importancia que algunos autores han especulado que mente y cuerpo están integrados en esta estructura. Su alta participación en las experiencias sensoriales preserva la vida; por ejemplo, al detectar rápidamente un alimento en mal estado.

▸ Está implicada en el habla y en funciones como la respiración y la actividad gastrointestinal. Se ha observado su activación en procesos sensoriomotores, viscerales, somatosensoriales (incluyendo el dolor), motores, gustativos, auditivos y emocionales. También en funciones cognitivas, como el lenguaje.

▸ Es el centro del disgusto localizado en el cerebro. Cuando una persona recibe estimulación eléctrica en la ínsula, experimenta una sensación de náusea; cuando es expuesta a un sabor o a un olor que considera repugnante, las neuronas de esta estructura se encienden con rapidez.

▸ Tiene un rol fundamental en los procesos de toma de decisiones, ya que su activación indica una actitud de rechazo ante una alternativa determinada.

▸ La ínsula anterior participa intensamente de la experiencia sensorial. Está relacionada con los sentidos del olfato y del gusto, mientras que la posterior interviene en las funciones somáticas motoras.

Acceso directo
https://braidot.com/diccionario/qrp16

▸ Posee injerencia en la adicción al tabaco. Por ejemplo, un estudio de la Universidad de Iowa demostró que en las personas adictas, luego de sufrir un daño en la ínsula, desaparecía la necesidad de fumar, .

▸ Participa en el registro de las emociones. La ínsula podría integrar información emocional entre las sensaciones internas (somáticas) y los estímulos externos. Las funciones interoceptivas —aquellas que procesan sensaciones provenientes de los órganos internos como las vísceras— recaen principalmente sobre esta estructura.

▸ Se estima que interviene en funciones relacionadas con la teoría de la mente, como la intuición y la empatía. Además de "leer" los rostros y de interpretar los estados del cuerpo, diversas investigaciones realizadas con fMRI revelan una intensa activación de la ínsula cuando una persona simpatiza con otra o cuando se divierte con sus bromas.

Insulina

Es una hormona producida en el páncreas que regula el incremento de la glucemia (azúcar en sangre) y que activa los mismos mecanismos moleculares que la leptina (una hormona producida en el tejido adiposo, responsable de la sensación de saciedad), contribuyendo a disminuir el apetito. Su función es inmediata y permite al cerebro registrar que no se precisan alimentos en el corto plazo.

Inteligencia

Es la capacidad de vincular la información que se recibe del exterior con datos preadquiridos, de modo de generar un *output* nuevo.

El término "inteligencia" es de origen latino y se compone de otros dos: *inter*, "entre" y *legere*, "leer, escoger".

Implica tanto la capacidad de adquirir conocimientos como la habilidad para resolver problemas y el uso sagaz que se da a los saberes que se tienen o que se incorporan.

Acceso directo
https://braidot.com/diccionario/qrp14

- ▸ Es una función activa de la mente, estimulable y que puede desarrollarse.
- ▸ Permite razonar, resolver problemas, crear y adaptarse al medio ambiente, comprender emociones, interpretar los sentimientos de los demás y manejar empáticamente las relaciones interpersonales.
- ▸ Para alcanzar la inteligencia es necesario contar con un mayor entramado neuronal en el cerebro.
- ▸ Una visión moderna sugiere que las personas cuentan con varias facultades intelectuales relativamente independientes, que se pueden modificar o desarrollar mediante estímulos adecuados.

Actualmente se reconoce que existen diversos tipos de inteligencia.

La teoría de inteligencias múltiples (o paradigma cognitivo) es un desarrollo del científico Howard Gardner, según el cual la mente humana genera representaciones variadas de los sucesos, que pueden analizarse como "módulos mentales".

Acceso directo
https://braidot.com/diccionario/qrv23

Gardner realizó varios estudios en personas con características especiales, como niños con un gran talento en diferentes manifestaciones del arte, y en adultos que habían perdido parte de sus capacidades cognitivas como consecuencia de daños cerebrales. Así, detectó que algunas lesiones podían afectar a algunos de los tipos de inteligencia que identificó, como por ejemplo, la verbal, sin interferir en el desarrollo de otras, como la lógico matemática o la espacial. También notó que ciertas capacidades variaban de una persona a otra.

Existen, entonces, diferentes tipos de inteligencia, que se manifiestan en el modo en que los individuos adquieren, retienen y manipulan la información del medio, así como en la manera en que demuestran sus pensamientos a los demás: la inteligencia lingüística, la lógico-matemática, la corporal-cinestésica, la musical, la espacial, la naturalista, la interpersonal, la intrapersonal y la espiritual.

Interneuronas

Estas neuronas, también llamadas neuronas asociativas, conectan las neuronas sensitivas o las vías aferentes con las neuronas motoras o vías eferentes.

El impulso de estímulo que emana una interneurona es percibido por las neuronas sensoriales; así, llega la información al cerebro para que este la procese y produzca una respuesta hacia el exterior.

Ion

Un ion es un átomo o un grupo de átomos con carga neta, ya sea positiva o negativa. Su nombre remite al término griego que significa "que va", debido a que las partículas cargadas van hacia un electrodo cargado o se alejan de él.

L

· · · · · · ·

Lateralización

Es la tendencia espontánea de un ser vivo a preferir con mayor frecuencia los órganos que se encuentran de un lado determinado del cuerpo. Su origen es impreciso.

Para determinar el lado preponderante, se utiliza una serie de tests. Uno de ellos es el test de Harris, que analiza la realización de diez acciones diferentes; por ejemplo, darle cuerda a un reloj, lanzar una pelota, escribir, cortar con cuchillo, cepillarse los dientes, martillar, tensar una cuerda, cortar con tijeras, peinarse y girar el picaporte de un puerta.

Lenguaje

El lenguaje es el recurso que hace posible la comunicación. En el caso de la especie humana, es una herramienta más desarrollada que en otras, puesto que se sostiene a partir de procesos psíquicos y fisiológicos que lo permiten.

Existen numerosas posibles clasificaciones del lenguaje. Desde el punto de vista técnico se puede hablar de forma (fonología, morfología y sintaxis), contenido (semántica) y uso (pragmática).

Para el lingüista Ferdinand de Saussure, el lenguaje está compuesto por la lengua, que es el idioma (es decir, un esquema general y constante que utiliza una colectividad lingüística común), y el habla (la materialización momentánea de ese recurso mediante la emisión de la palabra o la escritura). La lengua es social, mientras que el habla es individual.

Ley de Hebb

El enunciado que se conoce como ley de Hebb ha sido expuesto de este modo por el científico canadiense Donald Hebb: "Cuando un axón de una célula A está lo suficientemente cerca de una célula B como para excitarla, y participa repetida o persistentemente en su disparo, ocurre algún proceso de crecimiento o cambio metabólico en una o en ambas células, de modo tal que la eficacia de A, como una de las células que hacen disparar a B, aumenta".

Las investigaciones que se realizaron con posterioridad a la formulación de esta ley permitieron verificar que las neuronas trabajan tal como lo había predicho Hebb, y también que las memorias se van formando a medida que se intensifica el trabajo conjunto entre neuronas que se disparan de forma repetida.

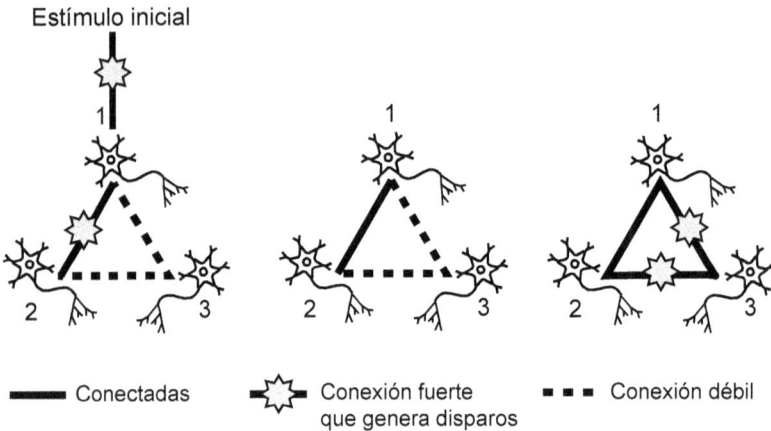

- ▶ El disparo de una neurona puede ser rápido o lento. Cuanto más rápido es, mayor es la descarga eléctrica, lo que aumenta las probabilidades de que se dispare una neurona vecina.
- ▶ Una vez que una neurona vecina se ha disparado, se genera un cambio físico que la deja más sensible a una nueva estimulación que proceda de la misma neurona que la impactó inicialmente.
- ▶ Si la primera neurona se activa otra vez durante ese período, tendrá mayores probabilidades de dispararse. Este segundo disparo hará que la segunda neurona se vuelva más receptiva, y así sucesivamente.

L-glutamina (Véase Glutamina.)

Lisina

La lisina es uno de los 10 aminoácidos esenciales en los seres humanos. Se sintetiza a partir de la ingesta de gramíneas, cereales y, especialmente, de frutos secos y legumbres; también de carnes, algunos pescados, quesos y huevo.

La lisina es esencial para que el organismo produzca proteínas. Resulta clave para la absorción del calcio y para la producción de hormonas, enzimas y anticuerpos.

Lóbulo

Es una de las partes en que se subdivide la corteza cerebral, según las funciones que cada una de ellas realiza. Se reconocen cuatro lóbulos diferentes: frontal, parietal, occipital y temporal. Algunas corrientes agregan el lóbulo límbico y la ínsula.

Anatómicamente, se identifican una serie de puntos que permiten determinar la localización de cada lóbulo. La fisura lateral, o cisura de Silvio, separa el lóbulo frontal del temporal. El surco central, o surco de Rolando, separa el lóbulo frontal del parietal. A su vez, la incisura preoccipital, o surco parietooccipital, separa el lóbulo occipital del parietal.

Lóbulo frontal

Es una de las seis partes en las que se divide la corteza cerebral. Está situado en el lado anterior, por delante de la cisura de Rolando. Es responsable de la capacidad de moverse (corteza motora), de razonar y de resolver problemas, de comunicarse a través del lenguaje y de generar emociones. Se encuentra implicado en las funciones ejecutivas, de personalidad y de toma de decisiones.

Lóbulo occipital

Es otra de las partes en que se divide la corteza cerebral. Se trata del casquete posterior de la estructura y es responsable de la producción de imágenes. Es la corteza visual primaria, que permite el sentido de la vista.

Aunque en muchas especies cuenta con límites bien determinados, en los seres humanos se ha desdibujado su anatomía.

Lóbulo parietal

Es otro de los seis lóbulos en que se divide la corteza cerebral. Se encuentra detrás de la cisura de Rolando y por sobre la cisura lateral. Le competen las percepciones sensoriales externas: sensibilidad, tacto, opresión, temperatura y dolor.

Lóbulo temporal

Es una de las seis secciones en que se divide la corteza cerebral. Se localiza frente al lóbulo occipital, por debajo y detrás de la cisura de Silvio, vecino a cada una de las sienes. Entre sus funciones se encuentra la ejecución de acciones visuales complejas, la audición, el equilibrio y la coordinación. Es el centro primario del olfato. Además, recibe y procesa la información de los oídos y contribuye al sentido del equilibrio; también regula emociones y reacciones como la ansiedad, la angustia, el placer y la ira.

Lóbulo temporal medial

Es una parte de la corteza cerebral que incluye estructuras como el hipocampo, entre otras y consta de dos hemisferios. Todas estas estructuras están involucradas en los procesos de la memoria. Los daños o disfuncionalidades en el hemisferio izquierdo se asocian con dificultades en la recordación de información de tipo verbal, en tanto que al hemisferio derecho le compete la información no verbal.

Localización del lenguaje

Se trata de las regiones del cerebro relacionadas con la producción del lenguaje. Estas son el área de Broca y el área de Wernicke.

M
········

Magnetoencefalografía

Es esta una técnica de investigación cerebral basada en el biomagnetismo, entendiéndose por tal a los campos magnéticos generados por los sistemas biológicos. Los magnetógrafos más avanzados pueden medir la actividad eléctrica del cerebro en forma muy precisa; por eso son utilizados para investigar la actividad neuronal, así como las relaciones existentes entre las distintas zonas del cerebro y sus funciones.

La mayor parte de los magnetógrafos tienen una precisión de un milisegundo. Sin embargo, los más modernos trabajan en tiempo real; es decir, que miden la actividad del cerebro en el momento exacto en que se produce, suministrando información precisa sobre las funciones cerebrales, incluidas las vinculadas a los sentidos y la motricidad.

Marcadores somáticos

Se denomina marcadores somáticos a las experiencias emocionales que el cerebro asocia y archiva junto al estado fisiológico que se experimentó en un determinado momento; por ejemplo, un estado de miedo asociado a un temblor corporal provocado por un susto.

El concepto de marcador somático, acuñado por el neurocientífico Antonio Damasio, explica cómo gran parte de la conducta humana se desencadena por estos disparadores no conscientes, que llevan a actuar de una u otra manera.

La expresión "marcador somático" alude a un fenómeno de orden psíquico que involucra al cuerpo y deja huellas sinápticas en el cerebro. A lo largo de la vida, los marcadores somáticos que una persona va acumulando (en función de experiencias tanto negativas como positivas, asociadas a emociones) son tan potentes que influyen no solo en su conducta, sino también en sus proyectos y en la forma en que se relaciona con los demás. También influyen, por ejemplo, en la simpatía o aversión que siente por algunos lugares, en el placer que le provocan algunos aromas y sabores, así como en el displacer que le provocan otros.

Como las redes neuronales permanecen abiertas al cambio debido al fenómeno de la neuroplasticidad, todos los seres humanos pueden desactivar los marcadores negativos con un entrenamiento adecuado, siempre que exista voluntad y constancia.

Una emoción y los cambios fisiológicos que genera en el momento de experimentarla quedan asociados en el cerebro a la situación que ha sido vivida, creando una especie de patrón que resurgirá cuando se produzca una experiencia similar.

Marcador somático

El cerebro genera respuestas emocionales no conscientes que se reflejan en cambios corporales. Estas respuestas determinan la conducta.

"En una situación de peligro, el miedo llega primero en forma de calor, palpitaciones, temblores. Después se reafirma la conciencia real del miedo y su causa."

Joseph LeDoux

Mecanorreceptores

Son receptores de sensaciones, distribuidos en la piel, sensibles a la presión mecánica. Como pequeños sensores, registran e interpretan los estímulos percibidos. Existen cinco tipos de estos receptores: los corpúsculos de Pacini, los de Meissner, los corpúsculos de Ruffini y de Krause, y las terminaciones nerviosas de Merkel.

Medio ambiente

El medio ambiente —o medioambiente— se compone de los elementos no genéticos que están presentes en la interacción de una persona con su entorno. Se incluyen en este concepto los factores naturales, los factores sociales y los factores culturales existentes en un espacio y un tiempo determinados. La interacción con estos factores convergentes en espacio y tiempo influyen en el ser, en la construcción y el desarrollo, tanto de un sujeto como de un grupo de individuos. El concepto de medio ambiente es multidimensional, ya que incluye la vida afectiva, los sentimientos, el ámbito familiar, los lugares de trabajo, los hábitos, la cultura, el acceso a ella, etcétera. Por ello es un factor determinante en el desarrollo cerebral. (Véase Ambioma.)

Médula espinal

Es la sección del sistema nervioso central que reúne el mayor caudal de información, puesto que es la responsable de emitir los mensajes hacia el cerebro. La médula espinal mide aproximadamente, 43 cm de largo, tiene un grosor similar al de un dedo, y está protegida por las vértebras, a lo largo de la columna vertebral. Su inicio se localiza en la intersección del hueco occipital —entre los huesos occipital y atlas— y la primera vértebra cervical, y se extiende hasta la segunda vértebra lumbar.

La médula espinal posee dos funciones básicas: la aferente y la eferente. En el caso de la función aferente, los estímulos receptados en el tronco, el cuello y los cuatro miembros se dirigen hacia el cerebro. En el caso de la función eferente, el cerebro ordena a los órganos efectores realizar una cierta acción, y envía los impulsos hacia el tronco, el cuello y los miembros, para que ellos reaccionen en consecuencia.

La médula espinal también es responsable de los movimientos inmediatos y vegetativos (como el acto reflejo), del sistema nervioso central, del sistema nervioso simpático y del sistema nervioso parasimpático.

Melatonina

Es una hormona producida, esencialmente, por la glándula pineal. Tiene un rol fundamental en la regulación del reloj biológico o ciclo circadiano y, por lo tanto, en la regulación del sueño y de los estados de vigilia. Su variabilidad a lo largo del ciclo de 24 horas es producto de la sensibilidad a los cambios de luz.

Además de regular el reloj biológico, la melatonina disminuye la oxidación. El déficit de esta hormona se asocia con una aceleración del envejecimiento, con el insomnio y con la depresión.

Los factores que modulan la secreción de melatonina son ambientales; por ejemplo la iluminación del entorno, las estaciones y la temperatura, además de situaciones como el estrés y la edad.

La ingesta de algunos alimentos puede contribuir a la producción de melatonina. Entre otros, pueden citarse: la avena, las cerezas, el maíz, el vino tinto, los tomates, las papas, las nueces, las ciruelas y el arroz.

Membrana

Este término se refiere a una lámina de tejido orgánico, por lo común flexible y resistente, que está presente en los seres vivos. Entre sus funciones se cuentan la de recubrir un órgano o un conducto y la de separar o conectar dos estructuras vecinas.

La cubierta interior del cerebro se compone de una serie de membranas denominadas meninges, entre las cuales es posible identificar tres capas: la duramadre, la aracnoides y la piamadre.

La duramadre es la capa exterior y está formada por un fuerte tejido fibroso. La aracnoides es fina y delicada. La piamadre es la capa más interna y contiene los vasos sanguíneos. Está adherida a la superficie exterior del cerebro y a la médula espinal.

Memoria

Acceso directo
https://braidot.com/diccionario/qrp15

Con el término "memoria" se hace alusión a la información adquirida por diferentes vías y que sirve como base para la regulación de la conducta presente y la planificación de acciones futuras. Es, posiblemente, la manifestación más evidente de la plasticidad del cerebro.

Se trata de un proceso neurocognitivo que permite registrar, codificar, consolidar y almacenar, así como acceder a la información y recuperarla. Al igual que la atención, constituye un proceso básico para la adaptación del ser humano al mundo que lo rodea. Sin información del pasado, es imposible vivir el presente y proyectarse con miras al futuro.

La memoria constituye la identidad de una persona, lo que define quién es y qué lugar ocupa en el mundo. Es, asimismo, un componente imprescindible para incorporar conocimientos, planificar y proyectar el futuro, ya que la información nueva inevitablemente se conecta con la anterior durante los procesos de aprendizaje, tanto el aprendizaje formal como el que resulta de la experiencia cotidiana.

Acceso directo
https://braidot.com/diccionario/qrv07

Como estructura física, a nivel neurobiológico, diversas corrientes aseguran que la memoria está representada por conexiones neuronales que abarcan varias zonas. Otras, sin embargo, afirman que una sola neurona es capaz de albergar el concepto que permite, por ejemplo, reconocer a un sujeto. En cambio, sí existen amplias coincidencias en que la memoria no se alberga solo en un lugar físico del cerebro, sino que se encuentra diseminada en distintas locaciones especializadas.

Tipos de memoria

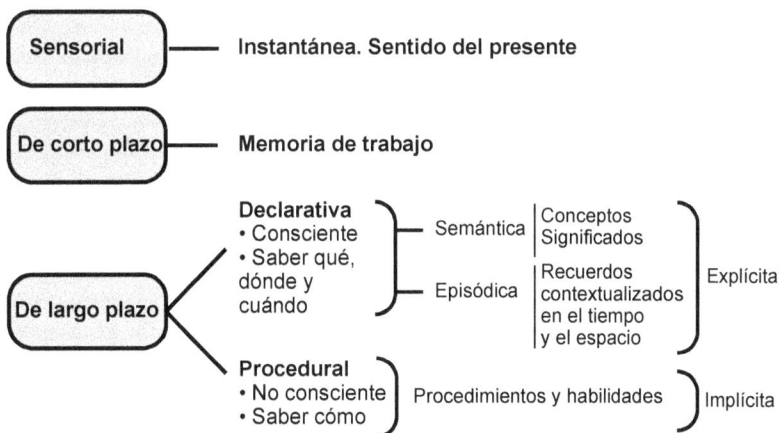

Existen tres clases de memoria, según el curso temporal: memoria sensorial, memoria de corto plazo y memoria de largo plazo.

Tipos de memoria

- **Sensorial** — Instantánea. Sentido del presente
- **De corto plazo** — Memoria de trabajo
- **De largo plazo**
  - **Declarativa**
    - Consciente
    - Saber qué, dónde y cuándo
    - Semántica: Conceptos / Significados
    - Episódica: Recuerdos contextualizados en el tiempo y el espacio
    - Explícita
  - **Procedural**
    - No consciente
    - Saber cómo
    - Procedimientos y habilidades
    - Implícita

El cerebro procesa y almacena los datos de acuerdo con distintos contenidos:

▸ Qué, dónde y cuándo (conceptos, lugares, fechas, que corresponden a la memoria declarativa).
▸ Cómo (procedimientos y habilidades que registra la memoria procedural).

Las principales estructuras que intervienen en la formación y en el funcionamiento de la memoria son:

▸ *Hipocampo.* Es fundamental para el aprendizaje, la formación de la memoria, la ubicación espacial y el reconocimiento de objetos. Sin un adecuado funcionamiento del hipocampo, una persona tiene dificultades en su memoria declarativa (no puede recordar ni describir verbalmente lo que ha visto, ni lo que ha leído, ha escuchado o realizado pocos minutos antes).
▸ *Amígdala.* Juega un papel decisivo en la memoria emocional. La zona medial de esta estructura es más grande en el cerebro masculino. Sin embargo, ante estímulos similares, tiene mayor activación en el cerebro femenino. Se ha observado que en promedio, las mujeres rara vez pierden los recuerdos asociados a emociones intensas.
▸ *Hipotálamo.* Se ha estudiado que las personas lesionadas en esta zona presentaban alteraciones de distinto tipo; por ejemplo, amnesia anterógrada (es decir, que no podían retener información nueva) y desorganización temporal de los recuerdos.
▸ *Tálamo.* Su participación es importante en la codificación de la información relacionada con la memoria anterógrada. Asimismo, el sistema límbico, relacionado con el aprendizaje y con la memoria emocional, recibe eferencias de uno de los núcleos del tálamo.
▸ *Cerebelo.* Sus múltiples conexiones bidireccionales con ambos hemisferios cerebrales se dirigen tanto a las áreas relacionadas con los movimientos y el mantenimiento del equilibrio (motoras) como a las que se relacionan con aspectos neurocognitivos y emocionales. Los daños en el cerebelo provocan dificultades de memoria, principalmente de la memoria episódica —el primer día de colegio, el cumpleaños de quince— y de la memoria procedural —la que se emplea al andar en bicicleta, al vestirse, etc. También se han hallado vínculos entre esta estructura y la memoria del miedo.

Memoria auditiva

Conocida también como memoria ecoica, contiene recuerdos sobre los sonidos que ingresan a través de los sistemas perceptuales y tiene un rol crucial en el habla. En su formación participan varias estructuras neuronales, principalmente las vías auditivas que transportan la información desde el oído hasta el cerebro, y viceversa, el tronco encefálico, el tálamo y la corteza auditiva.

Acceso directo
https://braidot.com/diccionario/qrv13

Este sistema se considera un fenómeno biopsicosocial, dado que permite al ser humano informarse sobre lo que acontece a través de los sonidos, reconocerlos, catalogarlos, integrarlos y construir significados acerca de ellos.

Una alteración de la memoria auditiva puede causar grandes dificultades, ya que complica la identificación de los ruidos, las palabras, los nombres, la música y, en consecuencia, el desarrollo de una comprensión conceptual. Sin embargo, este sistema es uno de los más resistentes a las lesiones cerebrales: incluso en casos de amnesia severa, pueden conservarse intactos los recuerdos sobre sonidos.

Memoria autobiográfica

La memoria autobiográfica, también llamada memoria personal, es la clase de memoria que concentra la información sobre la historia personal y está relacionada con otros tipos de memoria. Es la memoria autobiográfica la que conserva los datos de todos los eventos que le han ocurrido a una persona, así como la información sobre ella misma.

Memoria declarativa

Es un subtipo de memoria de largo plazo, también llamada explícita o relacional, constituida tanto por recuerdos personales como por conocimientos adquiridos. Tanto los recuerdos como los conocimientos adquiridos se recuperan conscientemente y forman parte de la memoria de largo plazo. Habitualmente, encadena unos recuerdos con otros, de modo asociativo. La memoria declarativa abarca dos grandes categorías: memoria episódica y memoria semántica.

Memoria de corto plazo o de trabajo

Se trata de un tipo de memoria que solo conserva información por un lapso breve, hasta que es procesada y pasa a una clase de memoria permanente. Este tipo de memoria reúne dos condiciones específicas: capacidad limitada y duración finita. Es la puerta de ingreso a la memoria de largo plazo.

Acceso directo
https://braidot.com/diccionario/qrv08

El caudal de información que puede retener la memoria de corto plazo o inmediata es de siete elementos, con una variación de dos, por exceso o por defecto. Esta capacidad varía entre las personas en función de las cuestiones que deban recordar, y según si es factible o no agrupar u organizar la información.

Es posible conservar los datos recibidos por este tipo de memoria aproximadamente durante 30 segundos. Este tiempo puede ampliarse si se aplica un sistema de organización de la información para dotarla de sentido, o bien si se repite de manera constante, para reanudar el proceso de recordación.

Así, la memoria de trabajo, llamada también memoria operativa, es un sistema ejecutivo, con subsistemas que permiten mantener y manejar la información temporalmente, con el objeto de comprender el lenguaje, hacer cálculos, razonar, solucionar problemas, etcétera. En comparación con la memoria de largo plazo, su capacidad es muy limitada, excepto que haya repetición de la información o que esta siga siendo utilizada.

Memoria de destello *(Flashbulb memory)*

Este tipo de memoria almacena los recuerdos especialmente impresionantes y nítidos, que se vuelven permanentes, debido a la intensidad de la experiencia vivida.

En el registro de este tipo de información tiene un rol decisivo la amígdala, puesto que cuanto más intensa es su activación, más imborrable es la información que ingresa en el cerebro.

Memoria de largo plazo

La memoria de largo plazo incluye todos los recuerdos sobre el mundo y sobre las propias experiencias. El proceso de almacenamiento de información en la memoria de largo plazo se denomina "consolidación" y, según el tipo de recuerdos de que se trate, se clasifica como memoria declarativa (episódica y semántica), y memoria procedural o procedimental.

Memoria episódica

Es el tipo de memoria que contiene, fundamentalmente, recuerdos autobiográficos. Registra y almacena la información relacionada con lo que se hizo, con los lugares por donde se transitó y con las emociones asociadas a los acontecimientos vividos.

Acceso directo
https://braidot.com/diccionario/qrv10

Entre sus características se destacan la organización espacial y temporal, así como la referencia autobiográfica. La memoria episódica tiende a experimentar una gran interferencia y también olvido, retiene la información aprendida y los eventos, pero no posee capacidad inferencial.

Memoria espacial

Es la porción de la memoria responsable de registrar la información sobre el ambiente y la orientación espacial.

Memoria explícita

La memoria explícita es la capacidad de la memoria que permite la recolección consciente de información y de experiencias anteriores. Es la memoria declarativa, que se clasifica en memoria episódica y memoria semántica.

Memoria gustativa

Alberga información sobre los sabores que se perciben a través del sentido del gusto, en el que tiene una gran influencia el olfato. Durante la percepción gustativa, los estímulos interaccionan siempre con los mismos receptores en la boca, sin embargo, los

Acceso directo
https://braidot.com/diccionario/qrv16

patrones de neuronas que se activan son diferentes porque dependen de las experiencias y las circunstancias individuales.

El contexto emotivo y sociocultural tiene gran importancia para que los recuerdos se fijen en la memoria gustativa, y la amígdala tiene un rol central en el almacenamiento de memorias emocionales vinculadas a los sabores. En estos procesos de asociación intervienen, además, la corteza gustativa y las cortezas frontal y prefrontal.

Esta memoria también está relacionada con el proceso evolutivo y la supervivencia, dado que recordar un sabor permite predecir las consecuencias positivas o negativas de ingerir determinados alimentos, bebidas o sustancias.

Memoria implícita o memoria procedural

Esta memoria es también conocido como memoria procedural. Es de tipo automático o reflejo y puede evocarse sin necesidad de hacer consciente cada acto. Es la memoria que ayuda a no tener que pensar, por ejemplo, cómo se mantiene el equilibrio durante un paseo en bicicleta, una vez que esta destreza se ha aprendido. El aprendizaje que se aloja en la memoria procedural normalmente depende de la práctica repetida de una tarea.

Se trata de una clase de memoria en la que los conocimientos previamente incorporados colaboran en la realización de una tarea, sin que medie una convocatoria consciente de esa información para realizarla.

Este tipo de memoria está signada por el concepto de *priming*, por el cual los individuos logran un mejoramiento en la realización de las tareas que enfrentan, a partir de información que han sumado de manera no consciente, sin haberlo percibido explícitamente.

Memoria olfativa

Contiene información sobre los olores, que son percibidos por la nariz y distribuidos a diferentes partes del cerebro por el bulbo olfatorio. Dado que esta estructura forma parte del sistema límbico y tiene conexión con la amígdala, esta memoria puede provocar reacciones emocionales intensas.

En el ámbito de la neurobiología, se la considera resultado de un mecanismo evolutivo especí-

Acceso directo
https://braidot.com/diccionario/qrv15

fico debido a que está relacionada con la supervivencia y la conducta sexual, y juega un papel central en la vida social. Dado que la percepción de los olores está influenciada por la cultura, la memoria olfativa puede afectar la productividad laboral, influir en los estados anímicos y determinar la elección o el rechazo de productos y servicios, por ello, es intensamente estudiada en las organizaciones.

Memoria *priming*

Acceso directo
https://braidot.com/diccionario/qrv09

Acceso directo
https://braidot.com/diccionario/qrp25

Este término hace referencia a la mayor sensibilidad que un sujeto posee ante determinados estímulos, como una palabra, una imagen, un sonido, un aroma, relacionados con conocimientos y experiencias previas. Esta información se vincula con la memoria implícita e influye tanto en el pensamiento como en la conducta inconsciente.

El efecto *priming* es muy utilizado por la publicidad para activar la memoria sobre productos y marcas a través de pistas.

Memoria prospectiva

Este tipo de memoria funciona con miras al futuro y permite tener presente aquello que se desea hacer. En el tipo de tareas que le incumben, se registran dos tipos: el prospectivo, que permite recordar el hecho concreto que se debe memorizar en la instancia en que efectivamente esa información ha de ser usada, y el retrospectivo, que permite recordar, en ocasión de que en el momento futuro se haga presente, aquello que se debía hacer.

La memoria prospectiva requiere de procesos ejecutivos. Estos se van desarrollando durante el ciclo evolutivo; por ello es que su efectividad varía con la edad.

Memoria semántica

Es la que permite almacenar y evocar conceptos y significados. Contiene los conocimientos generales que han sido adquiridos durante la vida. Es una memoria de largo plazo.

Acceso directo
https://braidot.com/diccionario/qrv11

Su actividad incluye diferentes propiedades del pensamiento, y de ella depende la facilidad para asociar conceptos, relatar experiencias, crear, escribir un libro o dar una clase.

Se caracteriza por su organización conceptual y por consolidarse como referencia cognitiva; posee escasa interferencia, recupera información no necesariamente aprendida, posee capacidad inferencial, y retiene conocimientos.

Memoria sensorial

Este tipo de memoria permite mantener la información durante milisegundos. Se distinguen varios subtipos de ella, según la modalidad sensorial de que se trate (visual, auditiva, etcétera).

Registra en forma inicial y momentánea los estímulos del medio ambiente que se perciben a través de los sentidos. Solo cuando un hecho merece que se le preste atención, la información que se aloja por instantes en la memoria sensorial continúa su camino hacia el sistema de corto plazo.

Se calcula que menos de una centésima parte de la información que se percibe tiene capacidad para captar la atención y que, de esta, solo una vigésima parte logra crear un recuerdo.

Precisamente, uno de los aspectos más interesantes relacionados con la memoria sensorial es que permite el paso a la conciencia de porciones de la realidad, mientras que el resto se desecha o se aloja por debajo del umbral de conciencia. Esto significa que hay pasaje de datos a la memoria de largo plazo que no se registran en forma consciente; esto es, se incorporan sin que medie la intención de hacerlo.

Memoria táctil

Contiene información relacionada con las características, formas y cualidades de todo lo que se percibe a través del sentido del tacto, y sobre los estados sensoriales que estas experiencias provocan: placer, displacer, confort, comodidad, incomodidad, etc. De este sistema también dependen las habilidades para evocar las características de un estímulo a través de su temperatura, tamaño, peso o posición.

La memoria táctil se va formando mediante una interacción compleja entre los receptores y terminaciones nerviosas de la piel y la corteza somatosensorial, que se encuentra en el lóbulo parietal.

Acceso directo
https://braidot.com/diccionario/qrv14

Las fuertes conexiones neuronales que se observaron entre esta corteza y las regiones cerebrales implicadas en el procesamiento de las emociones revelan la influencia de estas en la formación y persistencia de los recuerdos táctiles.

En las personas no videntes el desarrollo de esta memoria es superior debido a la focalización intensa de la atención en lo que se percibe a través del tacto.

Memoria visual

Es la capacidad para retener información captada por el sentido de la vista (como imágenes, letras, colores, formas). Según la relevancia del estímulo, lo que se visualiza puede pasar a la memoria de largo plazo o ser olvidado.

En este sistema participan varias estructuras cerebrales. Las más importantes son la corteza visual, los lóbulos occipitales (que se ocupan de

Acceso directo
https://braidot.com/diccionario/qrv12

procesar colores y formas), el núcleo geniculado lateral del tálamo (en el que terminan los axones de células de la retina), un área de significación visual situada en el lóbulo parietal, y un área del lóbulo temporal (entre otras).

La retención visual no depende de los objetos que percibimos, sino de la cantidad de información que estos contienen. Cuanto mayor sea la carga informativa, menor será la cantidad de datos que se retengan.

Meninge (Véase membrana.)

Mente

Es el grupo de facultades cognitivas que incluyen procesos como la percepción, el pensamiento, la conciencia, la memoria, etc., algunas de las cuales

Acceso directo
https://braidot.com/diccionario/qrp17

son características del ser humano, mientras que otras son compartidas con distintas formas de vida.

La mente es concebida como depósito de tres tipos de procesos: los conscientes, los no conscientes y los procedimentales, ya que es posible localizar ciertos procesos del individuo en regiones concretas, tales como el hipocampo, cuya lesión implica un daño en la memoria. El soporte físico de la mente es el cerebro.

Como objeto de estudio, la mente ha sido tratada por la psicología desde sus inicios, y su conceptualización está presente en casi todas las teorías psicológicas.

Mente y cerebro constituyen sistemas que interactúan con el entorno modificándose recíprocamente, en un proceso caracterizado por una interrelación e interdependencia permanentes.

Los resultados de diversas investigaciones sugieren que la información percibida que lleva a actuar o a decidir de una manera determinada no es generada por procesos conscientes, sino que estos actúan como intermediarios y son muy veloces; tanto, que más de una vez no es posible explicar por qué se dijo o se hizo algo determinado.

Mesencéfalo

También conocido como cerebro medio, el mesencéfalo es la parte más alta del tronco del encéfalo, y une las estructuras del cerebro anterior, como el diencéfalo, con estructuras del cerebro posterior, como el cerebelo.

Entre las funciones del mesencéfalo se cuentan la de regular el movimiento y la estabilidad. También incide en condiciones visuales como el movimiento ocular o la dilatación de las pupilas, en la regulación del movimiento de los músculos y en la audición. El daño del mesencéfalo ha sido relacionado con la enfermedad de Parkinson.

Metacognición

Es el conocimiento sobre la propia cognición. Involucra la capacidad humana para conocer y organizar los procesos mentales que intervienen en ella mediante el control voluntario y la toma de consciencia sobre la manera de aprender. Ello implica planificar el aprendizaje, controlarlo y evaluar los logros obtenidos.

Metionina

En su forma natural, la L-metionina es un aminoácido proteinogénico, considerado uno de los aminoácidos esenciales; es decir, que no puede ser sintetizado por el propio organismo. Por lo tanto, su ingesta adecuada es de decisiva importancia.

Junto a la cisteína, la metionina es el único aminoácido con contenido de azufre; es por esto que desempeña un papel clave en la síntesis de muchas proteínas. La metionina interviene en la disolución de las grasas y limita su acumulación en el hígado.

Además, la metionina es una sustancia importante para la formación de los cartílagos, que necesitan azufre para su formación. El déficit de azufre en el organismo no presenta problemas en el largo plazo entre las personas sanas, pero para las que sufren de artrosis, una deficiencia de azufre puede tener un efecto negativo en el comienzo de la enfermedad, y especialmente en el proceso de curación del tejido dañado.

Microexpresiones faciales

Las microexpresiones faciales son reacciones veloces del rostro que surgen de manera involuntaria y que expresan la percepción de las emociones. Se ha logrado identificar unas 10.000 microexpresiones diferentes, aunque solo 7 de ellas son consideradas básicas. Se trata de la ira, el miedo, la alegría, el desprecio, la sorpresa, la tristeza y el asco. Estas son sutiles y universales, y constituyen la base del resto de las expresiones.

Microglía

Comprende las células gliales más pequeñas. Actúa como defensa inmunitaria del sistema nervioso central.

Microtúbulos

Minúsculas estructuras tubulares formadas principalmente por proteínas. Se extienden por el interior de los axones y dendritas hasta zonas adyacentes a las sinapsis. Intervienen en el transporte de diversas moléculas, en particular neuro-transmisores químicos. Algunas teorías sostienen que los microtúbulos del cerebro actúan como minicomputadoras cuánticas.

Mielinización

La función de la mielina —compuesta por proteínas y sustancias grasas— es facilitar la transmisión de los impulsos nerviosos entre las neuronas. La ausencia de mielina interrumpe la comunicación o la retrasa. En los casos más graves, provoca enfermedades especialmente importantes, como la esclerosis múltiple.

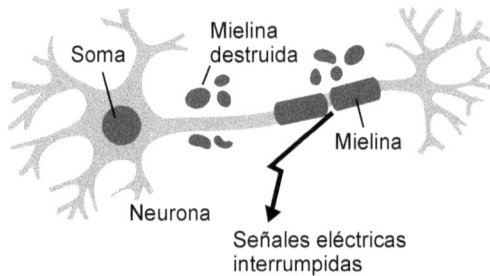

La mielinización consiste en el recubrimiento de los axones con capas gruesas de mielina. Es un proceso profundamente involucrado en el crecimiento del cerebro, puesto que comienza durante la gestación y su intensidad continúa durante la infancia y la adolescencia.

La mielinización es fundamental en las etapas de desarrollo del cerebro y tiene momentos diferentes. Por ejemplo, al sexto mes de gestación ya se han mielinizado regiones esenciales, y a los dos años, el proceso está muy avanzado. Algunas regiones, como el cuerpo calloso –la estructura que conecta ambos hemisferios cerebrales– terminan de mielinizarse en la pubertad. Al respecto, se ha descubierto que hay zonas de los lóbulos temporales y parietales cuyos axones estarán totalmente cubiertos de mielina recién a los 30 años, aunque, para algunos especialistas, este proceso puede culminar a los 33 años.

El buen funcionamiento, así como la disminución o el declive de algunas capacidades cerebrales, como el razonamiento y la capacidad de relacionar rápidamente los hechos, están vinculados con la mielinización. Esto se debe a que, a medida que los axones se van recubriendo de capas de mielina, las neuronas aumentan tanto su velocidad como su tasa de transmisión de información. Si la mielina se altera, este proceso se lentifica y puede atrofiarse.

Moniaminas

Las moniaminas constituyen el grupo de neurotransmisores que incluyen la noradrenalina y la dopamina, a la vez que poseen un grupo amino denominado NH_2. Las moniaminas son sintetizadas por un solo aminoácido.

Motivación

Desde la perspectiva de la psicología, la motivación es el conjunto de estímulos que impulsan a una persona a realizar determinadas acciones y a persistir en ellas para su culminación.

Es el impulso que inicia, guía y mantiene el comportamiento hasta alcanzar la meta u objetivo deseado, el motor neurofisiológico que apalanca las acciones y las conductas necesarias para llegar a esos logros.

Por lo general, la motivación surge de una combinación de tres tipos de procesos:

- ▸ Intelectuales.
- ▸ Fisiológicos.
- ▸ Psicológicos.

Cotidianamente, muchas veces se plantean los objetivos de manera consciente pero no se cuenta con la fuerza para llevarlos a cabo. En esos casos, es la motivación lo que aporta el combustible adicional, lo que proporciona el empujón necesario para llegar hasta la señal de llegada. La motivación es el motor de la acción.

En el ámbito de las neurociencias, se analiza el conjunto de procesos cerebrales —tanto cognitivos como emocionales— que establece con qué fuerza actúa una persona y en qué dirección encauza su energía en determinada situación.

N

•••••••

Negligencia hemisférica

Es un trastorno neurológico provocado por una lesión cerebral. Se caracteriza por un déficit en la percepción y el reconocimiento de un lado del campo visual. Por ejemplo, un daño específico en el hemisferio derecho puede provocar que la persona afectada no reconozca el lado izquierdo de su cuerpo y tenga actitudes extrañas, como no peinar el lado izquierdo de su cabello o tener serias dificultades espaciales.

Neocorteza

Morfológicamente, la expresión neocorteza alude a la parte de la corteza más reciente, caracterizada por una serie de pliegues y repliegues en forma de surcos y cisuras que separan las circunvoluciones. Si se sacara la corteza del interior del cráneo y se la extendiera, su superficie alcanzaría aproximadamente dos metros cuadrados.

Si comparamos el cerebro del hombre con el de un chimpancé veremos que, al nacer, ambos tienen un tamaño similar. Sin embargo, el cerebro del hombre se expandirá en una forma extraordinaria: al llegar a la vida adulta, su corteza cerebral ocupará una superficie dos veces mayor que la del primate.

En el desarrollo del neocórtex se manifiesta todo lo que nos define como humanos: la elaboración del yo, la conciencia de nosotros mismos, de nuestras emociones y de nuestro entorno.

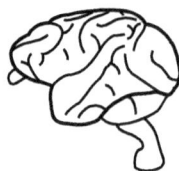

Simio

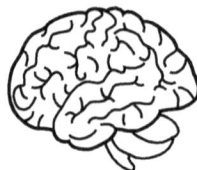

Homo sapiens

Es la zona más nueva del cerebro y se la considera uno de los resultados más extraordinarios de la evolución, porque le ha añadido al cerebro del hombre todo lo que lo diferencia de los demás mamíferos: la capacidad de pensar y razonar, de estudiar y aprender, de planificar y decidir, de crear e innovar, de comunicarse con los demás a través del lenguaje y, fundamentalmente, de tener conciencia de sí mismo y de sus emociones.

Nervio

Un nervio es un cordón blancuzco formado por fibras y envuelto por tejido conjuntivo, que vincula al cerebro y a la médula espinal con las distintas partes del cuerpo, y que transmite los impulsos sensoriales y motores.

Comúnmente, el impulso nervioso nace en una neurona y logra transmitirse a otra neurona por medio de la sinapsis.

Neuroblasto

Es toda célula embrionaria que se desarrollará como neurona.

Neurociencias

Las neurociencias abarcan el conjunto de disciplinas que estudian la estructura y el funcionamiento del sistema nervioso humano. Además, investigan cómo se relacionan entre sí sus diferentes elementos para crear y constituir la base biológica de la cognición, de las emociones y de la conducta.

Acceso directo
https://braidot.com/diccionario/qrp18

Los principales temas que estudia e investiga la neurociencia son:

▸ La estructura y el funcionamiento de las células cerebrales (neuronas y glía).
▸ La influencia de los genes en el desarrollo y en la morfología cerebral.
▸ La comunicación entre las neuronas (sinapsis) y la creación de redes neuronales.
▸ Las características y el rol de los mediadores químicos en las sinapsis (los neurotransmisores).

- La construcción de la realidad a partir de la percepción y el procesamiento cerebral de la información.
- Los mecanismos neurobiológicos responsables de la cognición; por ejemplo, los relacionados con la atención, con la memoria, con el aprendizaje, con la creatividad y con la motivación.

Acceso directo
https://braidot.com/diccionario/qrv26

- Los mecanismos neurobiológicos que subyacen a las emociones.
- El funcionamiento de estructuras neuronales claramente identificables, como el hipocampo, la amígdala, los ganglios basales y la ínsula cerebral, entre otros.
- Las diferencias cerebrales según el género: aspectos morfológicos y conductuales que diferencian al cerebro femenino del cerebro masculino.
- La base biológica del aprendizaje y de la memoria.
- La neuroplasticidad y la neurogénesis.
- El desarrollo neuronal desde la concepción, así como la influencia del medio ambiente.
- La estructura y el funcionamiento de redes neuronales complejas; por ejemplo, las relacionadas con el habla.
- Los mecanismos no conscientes y la conciencia.

Puesto que el sistema nervioso es sumamente complejo, las neurociencias modernas se han desagregado en diferentes ramas. Son ellas:

- *Neurociencia cognitiva.* Analiza los mecanismos neurales responsables de los niveles superiores de la actividad mental del ser humano, como el pensamiento, la imaginación y el lenguaje. En este nivel, la investigación estudia cómo la mente es creada por la actividad del cerebro.
- *Neurociencia afectiva.* Es una de las ramas más modernas y estudia la relación entre el cerebro y las emociones. La neurociencia afectiva tuvo su origen en el descubrimiento de una intrincada red de conexiones neuronales que vinculan los sentimientos con la construcción cerebral de la realidad y de la conducta.
- *Neurociencia conductual.* Analiza cómo funcionan los sistemas neuronales para producir determinadas conductas; por ejemplo, qué áreas intervienen en los mecanismos de aprendizaje y de la memoria durante experimentos del tipo estímulo/respuesta.

- *Neurociencia social*. Estudia cómo el cerebro de un individuo dirige su comportamiento social y, a su vez, cómo la interacción con los demás influye en su cerebro.
- *Neurociencia celular*. Analiza las propiedades características de las neuronas; es decir, cómo difieren en sus funciones, cómo influyen unas sobre otras, cómo se conectan entre sí, etcétera.
- *Neurociencia molecular*. Estudia el cerebro, a partir de considerarlo el fragmento de materia más complejo del universo. En el caso del cerebro, las moléculas desempeñan papeles diferentes que son decisivos para su función, como, por ejemplo, permitir que las neuronas se comuniquen entre sí.
- *Neurociencia de los sistemas*. Analiza los mecanismos cerebrales que mediante su interacción, generan circuitos que, a su vez, configuran determinados sistemas.

Neurocircuitos (o circuitos neuronales)

Se trata de las redes a través de las cuales se concretan todas las funciones del sistema nervioso. Consisten en un conjunto de conexiones sinápticas ordenadas.

Los neurocircuitos están constituidos por neuronas de proyección y por interneuronas. Pueden clasificarse como motores, cognitivos, sensoriales y de modulación. Cada uno de estos tipos cuenta con los atributos propios de las neuronas que lo integran y los de los puntos de contacto (sinapsis) que las neuronas realizan para darles forma.

Neuroendocrinología

Estudia las relaciones entre el sistema nervioso y el sistema endocrino. Esta disciplina alcanzó su mayor desarrollo luego de que se descubriera que el sistema endocrino tiene un rol importante en las funciones cerebrales; por ejemplo, en los procesos que regulan la sed, el hambre, el sueño, el estado de ánimo y la conducta sexual.

En todas estas manifestaciones, el hipotálamo tiene un rol esencial, puesto que, a través de sus vías aferentes y eferentes, regula varias funciones cerebrales por medio de neurotransmisores o neurohormonas.

Neurogénesis

Es el proceso mediante el cual se forman las células que componen el sistema nervioso central (neuronas y células gliales). Durante la gestación, la velocidad de multiplicación de las células es sorprendente; por ejemplo, se calcula que entre el segundo y el tercer trimestre, el cerebro crea aproximadamente 250.000 neuronas por minuto.

Durante la vida adulta, la formación de neuronas nuevas continúa, pero en un grado mucho menor. Esta expansión ha sido observada en el hipocampo (estructura fundamental para el aprendizaje y la memoria) y en el bulbo olfatorio. Algunos especialistas creen que puede producirse en otras zonas del cerebro, como la neocorteza, el núcleo estriado, la amígdala y la sustancia negra.

Estos descubrimientos han puesto en jaque algunos postulados de las neurociencias, puesto que, por el contrario, durante mucho tiempo se creyó que los seres humanos nacían con una determinada cantidad de neuronas y que este número iba disminuyendo a medida que el cerebro se desprendía de las redes que no utilizaba.

En cambio, las últimas investigaciones han comprobado que el sistema nervioso sigue generando nuevas neuronas y células gliales a lo largo de la vida, incluso en edades avanzadas (neurogénesis adulta), y que estos procesos (si bien se han observado solo en algunas zonas del cerebro) pueden ser incentivados de manera muy simple, mediante actividades aeróbicas, una nutrición adecuada y un correcto equilibrio entre las horas de sueño y las de vigilia, entre otros factores.

Neuroglía (Véase célula glial.)

Neurona

Las neuronas son células alargadas cuya principal función es la propagación de los potenciales de acción; es decir, los impulsos o señales nerviosas que viajan a través de sus axones, transmitiéndolos a otras neuronas o a células efectoras.

La conducción de los impulsos nerviosos a través de los axones se genera por el intercambio de iones Na+ (sodio) y K+ (potasio) a lo largo de la membrana. En cambio, la transmisión del impulso de una neurona a otra o a una célula efectora no neuronal depende de la acción de neurotransmisores específicos sobre receptores que también son específicos.

La vida misma depende de las neuronas. Su estudio es complejo debido a su tamaño, puesto que se calcula que caben cerca de 30.000 neuronas en la cabeza de un alfiler.

Neurona motora

Una neurona motora tiene su cuerpo celular en la médula espinal y se proyecta hacia los músculos.

Neurona polisensitiva

Esta clase de neurona responde a la información de más de una modalidad sensorial.

Neuronas espejo

Las neuronas espejo están ubicadas anatómicamente en el hemisferio izquierdo, cerca del área de Broca (que es la región del habla, del procesamiento del lenguaje y de la comprensión). Estas neuronas se activan tanto cuando el sujeto identifica una acción realizada por otro, como cuando el propio sujeto ejecuta la acción. Las neuronas espejo permiten "ponerse en el lugar del otro", proceso que se denomina "empatía". Mediante la empatía, es posible apropiarse de las acciones, de las sensaciones y de las emociones de los demás, lo que facilita su comprensión.

Acceso directo
https://braidot.com/diccionario/qrp20

Neurona tipo

Las neuronas tipo tienen regiones diferenciadas: el cuerpo celular (soma), las dendritas y los axones. Estos últimos trabajan como cables y tienen la capacidad de transmitir señales eléctricas a grandes distancias a través del cuerpo (desde 0,1 mm hasta 2 m). Estas neuronas integran la materia blanca.

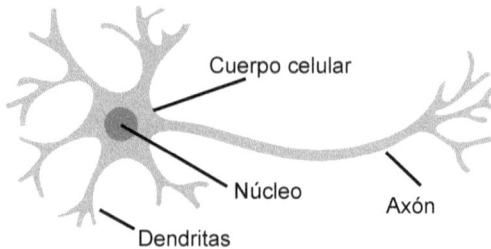

Si bien la mayoría de las neuronas están en el cerebro, otras se agrupan en diferentes zonas; por ejemplo, hay neuronas sensoriales en los músculos, en la piel, en las articulaciones y en otros órganos internos. Esto es lo que permite la sensación de frío o de calor, de placer o de dolor. También hay neuronas sensoriales en la nariz, en la lengua y en el oído, que contribuyen a percibir los aromas, los sabores y los sonidos.

En el cerebro, las neuronas también se agrupan según sus funciones, para conformar estructuras identificables; por ejemplo, el hipocampo.

Principales funciones de las neuronas tipo:

▸ *Neuronas sensoriales*. Son las que, a través de los sentidos, nos permiten percibir los colores, las formas, los aromas, las texturas, la temperatura o los sabores.

▸ *Neuronas motoras*. Intervienen en los procesos relacionados con el movimiento. Ellas hacen posible caminar, correr, nadar, hablar o saludar con la mano.

▸ *Neuronas integradoras*. También conocidas como interneuronas. Su función es la de crear redes entre las neuronas sensitivas, las neuronas motoras y otras interneuronas, mediante el transporte de información.

Neuropéptido

Un neuropéptido está constituido por una familia de moléculas pequeñas que tienen efectos específicos en el sistema nervioso. Está formado por dos o más cadenas de aminoácidos que se originan cuando se produce la transducción sináptica.

Se calcula que existen aproximadamente 100 neuropéptidos cuyos efectos, una vez producida la sinapsis, son parecidos a los de los neurotransmisores; es decir, algunos tienen funciones estimulantes y otros, inhibidoras, para el apetito, para el sueño, para el dolor y para la temperatura. Los neuropéptidos también están implicados en la regulación de las emociones y del estrés.

Varios péptidos actúan como hormonas en las células endocrinas, incluidas las neuronas del hipotálamo y de la hipófisis. Como los péptidos suelen ubicarse en las vesículas sinápticas, la investigación de cómo se transmiten las señales que originan es de una gran complejidad.

Los neuropéptidos participan en los procesos relacionados con los vínculos y con la sexualidad. La convivencia y contacto sexual, por ejemplo, aumentan el número de receptores cerebrales para la oxitocina —en las mujeres— y para la vasopresina —en los hombres. La oxitocina y la vasopresina, junto con la dopamina (que se dispara, por ejemplo, cuando una persona se enamora), están implicados en la formación de lazos afectivos y en los vínculos de pareja.

Neuroplasticidad

Es la capacidad que tiene el cerebro para formar, segundo a segundo, nuevas redes o modificar las ya existentes, como resultado de la interacción de un individuo con el entorno. La neuroplasticidad constituye la base de la memoria y del aprendizaje, e involucra una visión dinámica de los mecanismos cerebrales.

Acceso directo
https://braidot.com/diccionario/qrp19

Es posible distinguir entre neuroplasticidad positiva (que crea y modifica las redes neuronales), neuroplasticidad negativa (que elimina las redes que no se utilizan) y neuroplasticidad autodirigida, que consiste en el desarrollo de capacidades para generar nuevas conexiones sinápticas a través del aprendizaje, la experiencia y el cambio de hábitos "por propia decisión".

Acceso directo
https://braidot.com/diccionario/qrv28

Neurotoxina

Se denomina neurotoxina toda sustancia tóxica o destructiva de un tejido nervioso. Se trata de químicos exógenos que dañan el sistema nervioso; por ejemplo, el plomo, el etanol, el glutamato, el óxido nítrico (NO), la toxina botulínica, la toxina tetánica y la tetrodotoxina.

Neurotransmisor

Se denomina neurotransmisor a la sustancia química que transmite información de una neurona a otra, a través de las sinapsis. Para que esto ocurra, un neurotransmisor se une a los receptores neuronales y los activa, lo que genera una respuesta. Según el receptor, esa respuesta puede ser excitatoria (lo que produce el inicio de un nuevo potencial de acción) o inhibitoria (detiene ese desarrollo).

Criterios para determinar si una sustancia química es neurotransmisor

1. La sustancia química debe ser sintetizada o existir en la neurona.

2. Cuando es liberada espontáneamente o mediante estimulación eléctrica, la sustancia química debe producir una respuesta en la célula objetivo.

3. Se debe obtener la misma respuesta cuando la sustancia se coloca experimentalmente en el objetivo.

4. Debe existir un mecanismo de eliminación o recaptación una vez realizado el trabajo del neurotransmisor.

Kolb Bryan, Whishaw Ian Q.: *Neuropsicología humana*, Editorial Médica Panamericana, quinta edición, 2003, Madrid, pág. 107.

La conducción del impulso eléctrico se realiza a través del axón mediante el intercambio de iones Na+ (sodio) y K+ (potasio) a lo largo de la membrana.

Los procesos de neurotransmisión tienen cuatro etapas básicas:

1. Las moléculas del neurotransmisor se sintetizan y son almacenadas en la terminal del axón.
2. La liberación de dicha sustancia es desencadenada por un potencial de acción. Cada neurona individual genera un potencial de acción idéntico luego de cada estímulo, y lo conduce a una velocidad fija a lo largo del axón. Esta velocidad depende del diámetro axonal y de su grado de mielinización.
3. La sustancia liberada atraviesa la hendidura sináptica y se une al receptor de la membrana de la célula objetivo que se ubica en la neurona postsináptica.
4. El neurotransmisor es captado por el terminal o es inactivado en la hendidura sináptica.

En cada sinapsis pueden coexistir diferentes transmisores cuya formación es compleja. Algunos dependen de los nutrientes que incorporan a través de los alimentos, mientras que otros se forman por instrucciones contenidas en el ADN de la neurona.

Neurotransmisor excitador

Se dice de la sustancia que disminuye el potencial de la membrana de la célula y, por lo tanto, aumenta la probabilidad de que esta sea estimulada.

Neurotransmisor inhibidor

Se dice de la sustancia que incrementa la polaridad de la membrana de la célula y, por lo tanto, dificulta el potencial de acción y, consecuentemente, la estimulación.

Neurotransmisores, receptores para

Los receptores para neurotransmisores son complejos de proteínas que se ubican mayoritariamente en la membrana de la célula postsináptica. La función de los receptores constituye la cuarta etapa del ciclo de neurotransmisión.

Existen dos tipos de receptores: los ionotrópicos y los metabotrópicos. Los primeros explican el mecanismo de los potenciales de acción. Estos forman un canal iónico a través de la membrana y en milisegundos el paso de iones da lugar a una corriente eléctrica, que termina cuando el neurotransmisor se disocia de su receptor.

Entre los receptores ionotrópicos más conocidos se encuentran aquellos para el glutamato, denominados NMDA o NMDAr (N-metil-D-aspartato), que tienen un rol importante en el aprendizaje y en la construcción de la memoria y, por lo tanto, en los mecanismos de neuroplasticidad.

Los receptores metabotrópicos están acoplados a proteínas G (es decir, no abren un canal iónico). Su función es movilizar segundos mensajeros (un grupo de pequeñas moléculas) y activar varias enzimas. Las respuestas producidas por los receptores metabotrópicos tardan más en activarse, pero tienen una duración mayor y sus efectos también son más duraderos.

En cuanto a los receptores metabotrópicos del glutamato (denominados mGlur), se estudian intensamente con miras al tratamiento de trastornos psiquiátricos como la depresión y la esquizofrenia. También se ha descubierto que estos receptores están involucrados en los mecanismos de adicción a las drogas.

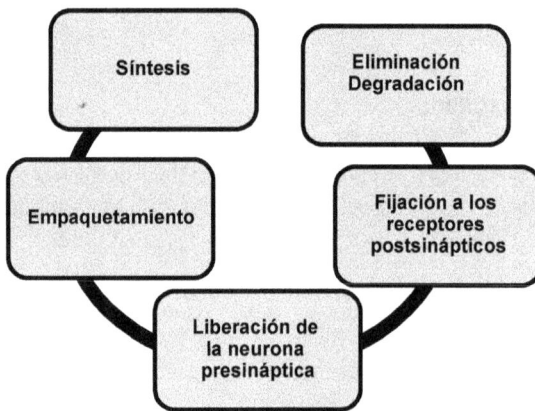

Ciclo de un neurotransmisor

Nocicepción

Se trata del proceso neuronal mediante el cual se codifican y procesan los estímulos que tienen potencial para dañar los tejidos. Son expresiones de esta actividad la percepción del dolor y su respuesta corporal, como, por ejemplo, la acción de retirar rápidamente la mano de una superficie caliente, para evitar una quemadura.

La nocicepción está relacionada con funciones de supervivencia.

Nódulo de Ranvier

Se trata del espacio que separa las células de Schwann que, a su vez, forman la mielina de un axón. Puesto que el impulso nervioso transita ("salta") de un nódulo al siguiente, su propagación es acelerada.

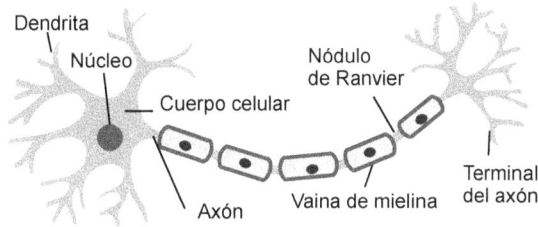

Noradrenalina

La noradrenalina también es conocida como norepinefrina. Esta sustancia puede actuar como hormona y como neurotransmisor. Como hormona, tiene un rol activo en los procesos de estrés, puesto que el organismo la libera en momentos críticos. Algunas estructuras, como la amígdala, son muy sensibles a los niveles de noradrenalina. Como neurotransmisor, está implicada directamente en los estados de alerta.

Asimismo, estudios relacionados con la atención y la creatividad han demostrado que las personas más creativas tienen niveles más altos de norepinefrina en su lóbulo frontal, y que la norepinefrina y la dopamina son los neurotransmisores más implicados en la corteza prefrontal (esencial para el correcto desempeño de las funciones ejecutivas).

▸ Interviene en la motivación. Existen varios indicios de que la norepinefrina puede ser el neurotransmisor más involucrado en la energía que caracteriza estos procesos.
▸ Está presente en la atención selectiva y, consecuentemente, en los procesos de aprendizaje y de memoria.
▸ Posee injerencia en el mantenimiento de estados de vigilia, en la liberación de hormonas relacionadas con el placer sexual, en el sistema de recompensas y en la regulación del humor. Algunas investigaciones centradas en la manipulación de norepinefrina y de serotonina han corroborado que el estado de ánimo, la predisposición positiva, así como la negativa, fluctúan según los niveles de ambos neurotransmisores.

Norepinefrina (Véase noradrenalina.)

Núcleo accumbens

Acceso directo
https://braidot.com/diccionario/qrp16

Esta estructura se ubica en la parte ventral del cuerpo estriado, está vinculada a los ganglios basales y forma parte del sistema de recompensas del cerebro.

Entre las neuronas que la integran, se destacan las que producen el neurotransmisor inhibidor GABA (ácido aminobutírico).

Las principales vías aferentes del accumbens son la amígdala, las cortezas asociativas prefrontales y las neuronas dopaminérgicas del área tegmental ventral. Estas últimas están relacionadas con la adicción a drogas que provocan un aumento en los niveles de dopamina en esta estructura.

▸ Se activa en los estados de placer y bienestar. Cuanto más rápido se encienden las neuronas dopaminérgicas y las del núcleo accumbens, más intenso es el placer que está experimentando el sujeto.

▸ Es una estructura crucial en las adicciones. Se ha observado que la mayor parte de las drogas que generan dependencia activan la proyección de dopamina hacia el núcleo accumbens.

▸ Se estima que tiene un papel importante en la risa y en el miedo, entre otras emociones. También ha sido descubierta la activación del accumbens en los estados emocionales que provoca la música, debido a la liberación de dopamina comprobada en esta zona.

▸ Un estudio realizado por Peter Kenning (2006) con miras a su aplicación en neuromarketing, detectó la activación del núcleo accumbens ante la presentación de anuncios considerados atractivos, lo que posteriormente se correlacionó con un mejor nivel de atención y recordación.

▸ Desempeña una importante participación en el efecto placebo. Este es el fenómeno por el cual las personas se sienten mejor luego de tomar un medicamento convencidas de que va a aliviar sus síntomas, aun cuando la sustancia ingerida sea inocua.

▸ Está relacionado con el aprendizaje cuando este actúa como recompensa placentera.

▸ Existen evidencias de que interviene en los procesos de motivación re-lacionados con el alcance de metas, debido a la acción de grupos dopa-minérgicos; por ejemplo, participa de los procesos psicomotrices de los deportistas que participan en competencias.

▸ Está implicado en los procesos de decisión de compra. Por ejemplo, cuando el precio percibido es justo y/o el producto que se va a adquirir proporciona placer, se activa el núcleo accumbens.

Núcleo caudado

Está ubicado dentro de los ganglios basales, en las profundidades del cerebro. Es una estructura inervada por neuronas dopaminérgicas que se originan en la sustancia negra y también en el área tegmental ventral. Tiene la forma de un cometa cuya cola finaliza en el cuerpo de la amígdala.

Junto con el putamen y el núcleo accumbens integra el cuerpo estriado. Se ha observado que las cortezas sensitiva y motora primaria se conectan con el núcleo caudado.

▸ Desempeña un papel importante en la actividad motora. Se han identifi-cado regiones involucradas en el planeamiento secuencial de movimien-tos no rutinarios.

▸ Participa –junto a ciertas estructuras de los ganglios basales– en las actividades cognitivas vinculadas a la organización de movimientos voluntarios, a su planificación y la de las secuencias involucradas; por ejemplo, abrir la puerta, cerrarla con llave y caminar hasta el ascensor.

▸ Tiene relación con el sistema emocional: su sobreactivación está asocia-da a algunos desórdenes de tipo psicológico, como la ansiedad, la fobia o el TOC (trastorno obsesivo compulsivo).

▸ Junto con la sustancia negra, es una estructura de los ganglios basales involucrada en los procesos de atención; consecuentemente, influye en el desempeño de las funciones ejecutivas del cerebro. Así, un núcleo caudado hipoactivo puede estar implicado en desórdenes como el déficit de atención, la apatía y la falta de motivación.

▸ Se ha descubierto mediante fMRI (resonancia magnética funcional) que el núcleo caudado es una de las estructuras que se activan duran-te una experiencia mística, por su relación con el aprendizaje y con la memoria.

▸ Hay indicios de que este núcleo está involucrado en el amor de pareja (cuando esta alcanza su etapa estable). Los resultados de algunas investigaciones indican que el amor no activa una zona especializada del sistema cerebral, sino una constelación de sistemas neuronales que convergen en regiones dispersas del núcleo caudado.

Nutrigenómica

Es la ciencia que estudia los componentes de la dieta que contribuyen a alterar la expresión genética de cada persona. Puesto que la alimentación puede modificar el comportamiento de los genes, una dieta equilibrada, unida a la práctica de ejercicio físico, protege al cerebro de posibles daños. Asimismo, una dieta personalizada potencia las capacidades cognitivas y retrasa el envejecimiento, que es producido, en parte, por el deterioro de los genes.

O

· · · · · · ·

Oligodendrocito (oligodendroglía)

Son células de soporte especializadas o gliales del encéfalo, que forman una cubierta de mielina en las células nerviosas para acelerar sus impulsos.

Ondas cerebrales

Se generan por la actividad eléctrica del cerebro y pueden ser identificadas por medio de un electroencefalograma.

Las ondas cerebrales son: delta (1 a 3 Hz), theta (3,1 a 7,9 Hz), alpha o ritmo mu (8 a 13 Hz), beta (14 a 29 Hz) y gamma (30 a 100 Hz).

Ornitina

Aminoácido no proteinogénico que juega un papel central en el ciclo de la urea. Se forma desde la L-arginina, tras la ingesta de líquidos y la eliminación de la urea. La ornitina ayuda a la desintoxicación del organismo y, por lo tanto, contribuye a la salud del hígado.

Este aminoácido no forma parte de los 20 aminoácidos estándar, pero es importante, en particular, en combinación con la arginina, en el proceso de degradación del amoníaco, que se produce en el metabolismo de las proteínas.

La ornitina favorece la cicatrización de heridas, produce una mejoría en el ritmo del sueño y mejora la función eréctil. En combinación con la arginina, garantiza una mayor vitalidad.

Oxitocina

Es conocida comúnmente como "la hormona del amor". La oxitocina es una hormona también clasificada como neuropéptido, que se genera en el hipotálamo y tiene un papel activo en la regulación de procesos fisiológicos relacionados con la vida emocional.

▸ En el sistema nervioso central, modula el afecto maternal y el paternal, y se ha descubierto que influye favorablemente en distintos aspectos de la vida. Está vinculada con los sentimientos nobles; por ejemplo, se ha demostrado que aumenta la capacidad de confiar en los demás, que estimula la actividad social y que crea vínculos de confianza y afecto.

▸ Participa activamente en la generación de placer asociado al comportamiento sexual: aumenta la libido y, durante el orgasmo, estimula las contracciones pelvianas en la mujer y la circulación de esperma en los varones.

▸ Tiene un rol fundamental en las etapas iniciales de enamoramiento y también en las posteriores: participa en la regulación de procesos afectivos e interviene en la creación de los lazos de pareja; incluso, se la ha relacionado con la fidelidad.

▸ En el ámbito social, participa en la generación de empatía. Estudios realizados en el ámbito del neuromanagement demostraron que quienes tienen mejores posiciones en las empresas liberan una mayor cantidad de oxitocina, de modo que generan más confianza en sus jefes y en sus compañeros.

P

· · · · · · ·

Pallidum ventral

Está ubicado próximo a la base del cerebro. El pallidum se activa ante la posibilidad de un beneficio y envía señales a las regiones motoras relacionadas con la recompensa, incluso cuando el individuo no es consciente de este proceso.

▸ Este comportamiento demuestra que el cerebro humano es capaz de transformar las expectativas de recompensa en un mayor compromiso laboral.

Pensamiento

Es la capacidad que tienen las personas para formar en su mente ideas y representaciones de la realidad y además relacionar unas con otras. Las estructuras básicas más importantes del pensamiento son las imágenes y los conceptos.

Acceso directo
https://braidot.com/diccionario/qrp21

Las neurociencias actuales estudian la influencia de los tipos de pensamientos en la neuroplasticidad, el desempeño de las capacidades cerebrales, las emociones y la calidad de vida. Los resultados de varias investigaciones revelan que hombres y mujeres crean sus realidades a partir de sus pensamientos, y que en este proceso intervienen no solo los hechos del presente, sino también los recuerdos de experiencias pasadas y las emociones asociadas a estos. El pensamiento puede clasificarse como:

▸ *Deductivo*. Es una forma de razonamiento de la que se desprende una conclusión a partir de una o de varias premisas, partiendo de lo general para llegar a lo particular.

▸ *Inductivo*. Es inverso al deductivo (se parte de lo particular para llegar a lo general).

▸ *Analítico*. Puede dividir las partes de un todo clasificándolas y dándole categorías.

▸ *Convergente*. El pensamiento está dirigido hacia la solución correcta de un problema cuya posible solución es única o con muy pocas variantes.

▸ *Creativo*. Se trata de un pensamiento innovador, que introduce nuevas ideas para desarrollar o modificar algo existente.

▸ *Sistémico*. La denominación de este tipo de pensamiento deriva de la palabra *sistema*, definiendo así al pensamiento que interrelaciona diversos aspectos para obtener un resultado.

▸ *Crítico*. Este tipo de pensamiento surge del poder de observación detallada de una cosa. Puede ser analítico y evaluativo. El primero intenta echar luz a los pasos que se han dado en dirección de un hecho determinado; el segundo, en cambio, hace una estimación valorativa de ese camino y del resultado obtenido.

▸ *Interrogativo*. El pensamiento interrogativo formula preguntas, no siempre apuntando a una respuesta, sino como camino de interpretación de aquello sobre lo que se aplica.

▸ *Divergente*. Este tipo de pensamiento apela al aporte de ideas originales en búsqueda de soluciones alternativas.

▸ El pensamiento *social* se puede vincular a la traducción que se hace respecto del ámbito en el que uno se desarrolla; o bien en cuanto al conjunto de ideas que expresa cada sujeto en su espacio social.

Pensamiento convergente

Se trata del pensamiento dirigido hacia la solución correcta de un problema. Este tipo de dilemas tiene una única solución o muy pocas. Desde el punto de vista anatómico, se lo relaciona con el hemisferio izquierdo del cerebro. Es de las propuestas más utilizadas en pruebas de inteligencia.

Se trata del tipo más común de pensamiento. Induce una respuesta automática que tiene lugar desde la asociación que el sujeto hace con el contexto, para luego usar su propia experiencia y formular un análisis basado en ella.

Este tipo de pensamiento es "cerrado"; es decir, implica restringir las posibilidades y, por lo tanto, producir una única respuesta. Este tipo de pensamiento no requiere poner a prueba la inventiva ni la creatividad.

Pensamiento divergente

Se trata del pensamiento que se define por buscar soluciones múltiples a un problema y constituye un importante factor de la creatividad. Puede manifestarse en una forma brillante y original de resolver los problemas.

Las situaciones que no tienen una solución única requieren de un enfoque sensible, flexible, creativo y de inventiva. Este es un tipo de pensamiento abierto porque requiere del mayor número de respuestas.

Péptido

Es la molécula formada por la unión de algunos aminoácidos. Cuando esta acción se produce con la participación de menos de 100 aminoácidos, se reconoce un péptido. Cuando esa barrera se supera y se alcanza un número mayor que 100, se habla de proteína.

Percepción consciente

Es este un fenómeno sensorial limitado. Puede atender simultáneamente un máximo de siete variables o ítems de información. Utiliza un solo canal sensorial por vez y reconoce con claridad cualquier tipo de estí-

Acceso directo
https://braidot.com/diccionario/qrp26

mulo, excepto que se decida conscientemente aplicar más de un canal al mismo tiempo.

Se percibe conscientemente cuando se registra en tiempo presente; por ejemplo, cuando una persona escucha, está oyendo; cuando mira, está viendo; cuando siente, está tocando.

Acceso directo
https://braidot.com/diccionario/qrv24

Percepción metaconsciente

Se trata del fenómeno sensorial mediante el cual el cerebro capta, en forma simultánea, gran cantidad de información procedente del entorno, sin que el sujeto sea consciente de este proceso. Así, ese estímulo sensorial se percibe en forma metaconsciente.

Probablemente, el sistema metaconsciente se haya desarrollado por las dificultades del consciente para captar el enorme flujo de información procedente del entorno, que supera su capacidad para procesarla.

Plasticidad cerebral

También conocida como neuroplasticidad, es el modo en que las experiencias de un sujeto modifican físicamente su cerebro. Es la manera en que el sistema nervioso se expande a partir de su interacción con el ambiente. Cada individuo percibe su entorno, lo interpreta y reacciona a él de manera única, de modo que también la forma del tendido neuronal es única, merced a la influencia que esas experiencias ejercen en él.

Plasticidad neuronal

Se trata del proceso por el cual las neuronas tienen capacidad de cambiar, de generar nuevas estructuras y conexiones o de originar nuevas capacidades en ellas mismas.

El cerebro cambia constantemente, como resultado de la interacción con el entorno, tanto a nivel funcional como en el plano estructural. Este proceso de cambio permanente tiene lugar merced a la experiencia. Esta es una acción clave para que sean posibles cuestiones como el aprendizaje o el registro de memoria.

Ahora bien, para que ese proceso tenga lugar es preciso que las células puedan dividirse. En el pasado, se creía que esto solo era posible hasta la edad adulta. Por esta condición, se estimaba innecesaria la estimulación cerebral, puesto que aquella capacidad con la que el sujeto hubiera arribado a la madurez sería, entonces, la capacidad con la que el sujeto podría contar por el resto de su vida.

Ahora se sabe que el proceso de generación permanente sigue ocurriendo mientras el ser humano tiene vida, aunque solo tiene lugar en regiones limitadas del cerebro.

Polígrafo

Conocido como "detector de mentiras", es un equipo empleado para registrar las reacciones del cuerpo cuando una persona es interrogada. Su objetivo es detectar si el sujeto sometido al control del equipo, miente.

Se compone de una combinación de instrumentos que realizan mediciones simultáneas para detectar los vaivenes de la presión sanguínea, del ritmo cardíaco y de la respiración, frente a un cuestionario que se formula.

Potenciación de largo plazo (PLP)

Se trata de un fenómeno inherente a la neuroplasticidad cerebral, relacionado con la comunicación entre neuronas, que se establece mediante las sinapsis.

Cuantas más veces experimenta una célula el mismo estímulo, más fuerte se vuelve la señal eléctrica, lo que le permite distinguir entre información nueva e información conocida.

Como el aprendizaje depende de la potenciación a largo plazo, que es el mecanismo que traslada la información desde la memoria de corto plazo a la de largo plazo, la base molecular de la PLP es intensamente estudiada, puesto que en ella intervienen múltiples mecanismos, y estos varían entre las diferentes regiones del cerebro.

Potenciales de acción

Se trata de los impulsos eléctricos que se desplazan a través de los axones cuando las neuronas se envían mensajes entre ellas, y que duran cerca de un milisegundo.

Cuando un potencial de acción llega a la terminal del axón, se libera un neurotransmisor químico. Investigar este fenómeno es imprescindible para comprender, por ejemplo, por qué se contrae un músculo o cómo se producen procesos cognitivos de gran relevancia, como el aprendizaje y la memoria.

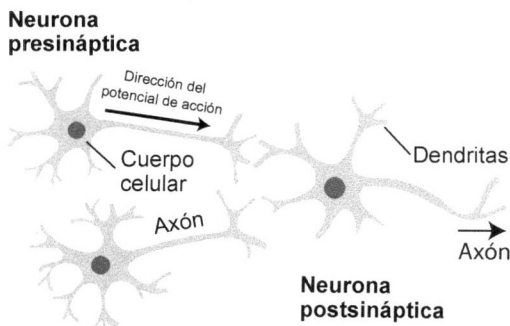

Potenciales de reposo

Es el voltaje normal a través de la membrana de una célula nerviosa.

Progesterona

Es la hormona sexual involucrada esencialmente con la menstruación y con la gravidez. Además, es responsable de los caracteres sexuales secundarios.

La progesterona pertenece al grupo de los neuroesteroides, que están relacionados con el buen funcionamiento de los procesos de sinapsis. Los neuroesteroides son neuroprotectores, y contribuyen a la mielinización. Se cree que tienen el potencial de mejorar la memoria y la habilidad cognitiva.

La progesterona afecta la regulación de los genes apoptóticos, sostiene el desarrollo normal de las neuronas cerebrales y protege el tejido cerebral dañado.

Propiocepción

Es la percepción de la posición y de los movimientos del cuerpo, de las extremidades y de la cabeza

Prosencéfalo

También llamado cerebro primitivo anterior, es la porción anterior del cerebro durante la fase de desarrollo del embrión. Durante esa etapa, el prosencéfalo se divide en diencéfalo (tálamo e hipotálamo) y telencéfalo (hemisferios cerebrales).

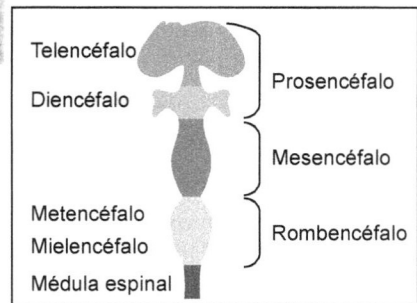

Prosodia

Es la parte de la lingüística que analiza e interpreta los elementos que componen la expresión oral humana. Desde el punto de vista acústico, son su objeto de estudio el tono, el volumen, la duración, la frecuencia o la acentuación de la locución.

Prostaglandinas

Comprende el grupo de ácidos grasos que se asemejan a otras hormonas, pero que frecuentemente actúan sobre los mismos tejidos que los producen. Se originan en casi todos los tejidos del cuerpo y afectan funciones tan diversas como la contracción del músculo liso y la respuesta inmune.

Proteína

Es la sustancia del grupo de los compuestos orgánicos complejos, que contiene carbono, hidrógeno, oxígeno, nitrógeno y azufre. Es el principal componente del protoplasma de todas las células y consta de aminoácidos conectados por enlaces peptídicos.

Putamen

Es el área cerebral ubicada debajo y detrás del núcleo caudado, en el área tegmental ventral (VTA).

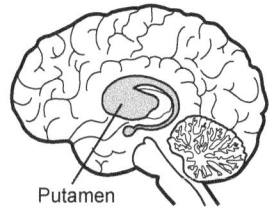

Putamen

▸ El putamen está relacionado con la coordinación de los movimientos automáticos que se realizan cotidianamente. La corteza motora está conectada con esta estructura.

▸ Su vinculación con los movimientos voluntarios es tan importante, que una anormalidad en su funcionamiento contribuye a desencadenar algunos trastornos neurológicos, como el síndrome de Tourette.

▸ Participa en el aprendizaje por medio del refuerzo o condicionamiento operante (aprendizaje guiado por recompensas o castigos).

▸ En asociación con el cerebelo, tiene un rol esencial en la memoria procedural.

▸ Participa activamente en el procesamiento de la información gustativa.

▸ Es una de las estructuras involucradas en los procesos de atención, cuando las tareas exigen un esfuerzo cognitivo.

▸ Participa en el procesamiento de emociones. Su activación ha sido observada ante sentimientos de amor u odio.

Acceso directo
https://braidot.com/diccionario/qrp22

R
• • • • • •

Ramificación dendrítica (Véase arborización dendrítica.)

Receptor

Dícese de quien recibe algo. Esto implica obtener, tomar, asumir o asimilar alguna cosa. En el marco de la biología, se utiliza para identificar una proteína que posibilita que ciertas sustancias interactúen en los procesos metabólicos (en ese caso, receptor celular) o de la terminación nerviosa que capta un estímulo y lo transmite para que se produzca una respuesta (receptor sensorial).

Red arousal o alerta neurofisiológico

Se trata del sistema involucrado en los procesos de atención básica o primaria. La activación de la red arousal se produce en estados de alerta, es decir, cuando estamos conscientes y atendemos un estímulo excluyendo otros. En lo que se refiere al cerebro, esta red está regulada por el sistema reticular activador, con conexiones talámicas, límbicas, frontales y de los ganglios basales. Cuando hay desequilibrio en este sistema, puede alterarse el procesamiento de la información.

Red hebbiana

Estas redes deben su nombre al científico canadiense Donald Hebb y están estrechamente relacionadas con la neuroplasticidad. Según la teoría de Hebb, la fuerza de una conexión entre neuronas (sinapsis) se incrementa si las células conectadas se activan repetidas veces

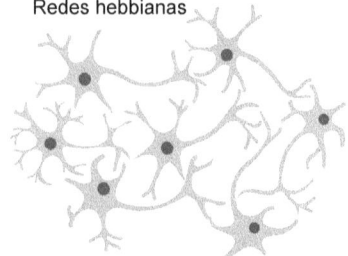

Redes hebbianas

y en forma simultánea. De este modo, se van formando las redes que contienen las memorias resultantes del aprendizaje.

Cuando la información nueva no es utilizada o se desecha, se produce un proceso de eliminación de las redes que contienen ese aprendizaje. Este proceso puede producirse por causas ajenas al individuo; por ejemplo, una lesión que provoque daños en determinadas partes del cerebro.

Red nerviosa

Es la estructura integrada por las células nerviosas.

Red neuronal (Véase circuito neuronal.)

Resonancia magnética funcional por imágenes (Véase fMRI.)

Región tegmental ventral

Esta región es el espacio donde se encuentran las células dopaminérgicas; por lo tanto, está ampliamente implicada en el sistema de recompensa del cerebro.

Actúa en la cognición, la motivación e incluso interviene en las adicciones, en el orgasmo y en las emociones intensas relacionadas con el amor. Esto se debe a que la liberación de dopamina no solo motiva o estimula a la persona para tomar una decisión más rápidamente, sino que también genera efectos sobre las emociones. Además, esta región se relaciona con la creatividad.

Retina

Muy sensible a la luz, es la más interna de las tres membranas que forman el globo ocular, entre la coroides y el cuerpo vítreo.

Las imágenes que pasan a través del cristalino del ojo se enfocan en la retina. Esta convierte las imágenes en señales eléctricas y las envía a través del nervio óptico al cerebro.

Risa

Es la respuesta biológica generada por el organismo frente aciertos estímulos. Se cree que podría tratarse de una forma ancestral de comunicación. Anatómicamente, la risa provoca la activación de más de 32 músculos faciales y desencadena un complejo proceso que involucra tres mecanismos originados en la actividad cerebral: el pensamiento, el movimiento y la emoción. Cada uno de ellos estimula determinadas áreas, incluyendo las regiones prefrontales involucradas en el proceso cognoscitivo y en el aprecio del humor, además del área suplementaria motora, importante para el movimiento, y el núcleo accumbens, centro del placer.

La risa constituye una valiosa respuesta frente a las dificultades. Es por esto que está indicada para relajar el cuerpo, para distender la mente, para incrementar la creatividad y para estimular el sistema inmunológico.

Esta respuesta biológica también posee un efecto analgésico. Al reír, el cerebro envía la información necesaria para activar la liberación de endorfinas, específicamente, las encefalinas. Estas sustancias naturales, similares a la morfina, producen placer y atenúan la sensación de dolor. Al mismo tiempo, estimulan el sistema inmunológico, al aumentar la actividad de los linfocitos y otras células que combaten virus y bacterias. Es suficiente la mueca de la risa para que el organismo comience a liberar endorfinas.

Teniendo en cuenta que el centro de la risa reside en la corteza prefrontal, sede de la creatividad, de la moral y de la capacidad de resolución de problemas, su aparición permite optimizar el desempeño y, consecuentemente, la toma de decisiones.

Acceso directo
https://braidot.com/diccionario/qrv18

Reír forma parte del entrenamiento para el autoliderazgo emocional debido a que el cerebro no discrimina entre los estímulos reales y aquellos que las personas son capaces de provocar con la imaginación. Las neuroimágenes han demostrado que la sonrisa obtenida por la manipulación de los músculos produce en el lóbulo central izquierdo la misma actividad cerebral que la sonrisa verdadera.

S

Sacádico

Se dice del movimiento o sacudida pequeña, rápida, involuntaria y brusca de ambos ojos, que se produce simultáneamente al cambiar el punto de fijación.

Segundo mensajero

Se conoce como segundo mensajero la molécula que puede influir en una variedad de componentes de las células, incluidos los canales iónicos. Cuando un transmisor se libera y se une a un receptor, una proteína intermedia —proteína G— libera la molécula del segundo mensajero.

Sensibilización

Es esta una forma de aprendizaje no asociativo que opera en sentido opuesto a la habituación. Así, en lugar de pasar por alto un estímulo, el cerebro intensifica su respuesta, si un estímulo similar resultó intenso o nocivo durante una experiencia anterior.

Acceso directo
https://braidot.com/diccionario/qrp06

Al archivar información en la memoria como temor aprendido, este tipo de aprendizaje se constituye en un poderoso recurso para alejar al ser humano de los peligros.

El contraargumento de las bondades de la habituación consiste en el relajamiento cognitivo que atenta contra la creatividad, contra el desarrollo de inteligencias múltiples y contra la calidad del pensamiento.

Septum

Este tabique, también llamado área septal, está ubicado delante del hipocampo, formando la pared medial del ventrículo lateral, cerca de la línea media del cerebro.

Aunque se trata de un enunciado que aún está en estudio, por su vínculo anatómico con la amígdala y con el hipotálamo, se supone que es esta una estructura relacionada con los sistemas neurales de las emociones.

Serotonina

La serotonina es un neurotransmisor que se aloja en varias regiones del sistema nervioso central. Influye de manera determinante sobre el estado de ánimo, sobre la ansiedad, el sueño, el dolor, la conducta alimentaria y el comportamiento sexual. Sus niveles varían según el género: así, los hombres producen hasta un 50% más de serotonina que las mujeres.

- ▶ Produce una sensación de bienestar y relajación.
- ▶ Interviene en la regulación del apetito. Así, cuando sus niveles son elevados, por ejemplo, al amanecer, no se experimenta una intensa necesidad de comer. En cambio, cuando sus niveles son bajos, se incrementa la atracción hacia alimentos ricos en carbohidratos, como los dulces o las harinas.
- ▶ Está involucrada en el reloj biológico, lo que a su vez determina los ciclos de sueño y vigilia. Ocurre que la serotonina es una sustancia necesaria para que el organismo elabore melatonina, hormona producida por la glándula pineal, que interviene en la regulación del sueño.
- ▶ Es sensible a la influencia de la luz natural; es por esto que los niveles de serotonina son más bajos en el invierno, puesto que los días son más cortos. Por lo tanto, como respuesta a la oscuridad, se produce una mayor liberación de melatonina. Si el equilibrio de estas dos sustancias se altera, aparecen los síntomas de la denominada "tristeza invernal".

Sinapsis

Se denomina sinapsis al proceso de comunicación entre dos neuronas. El resultado de este proceso da origen a las redes neuronales y al cableado neuronal o circuitería cerebral.

Existen dos tipos de sinapsis: las eléctricas, muy poco frecuentes, y las químicas, que constituyen la mayoría de ellas.

En las sinapsis eléctricas, un estímulo pasa de una célula a la siguiente, sin necesidad de mediación química; es por esto que su característica distintiva es la velocidad. En las sinapsis químicas intervienen los neurotransmisores.

Cuando la señal eléctrica de una neurona se conecta con el extremo de otra, se abren unas vesículas pequeñas, que son las que contienen las moléculas del neurotransmisor que envía a las dendritas de su vecina. Al producirse el contacto, este se difunde y atraviesa la membrana de esta segunda célula (neurona postsináptica), donde se encuentran los receptores que permiten la propagación de la señal.

En 1 mm³ de sustancia gris de la corteza hay aproximadamente 50.000 neuronas que generan una gran cantidad de sinapsis cada una, y la superficie de contacto entre una neurona y otra es de 0,5 a 2 micrómetros.

En la totalidad del cerebro existen billones de contactos. Esto se debe a que cada neurona es alimentada por cientos de miles de otras neuronas y ella, a su vez, alimenta a otros cientos de miles.

Normalmente, las neuronas que liberan un neurotransmisor químico reciben el nombre de esa sustancia; por ejemplo, las que liberan adrenalina se denominan adrenérgicas, mientras que las que liberan acetilcolina se denominan colinérgicas.

Los mensajes transmitidos a través de las sinapsis son de dos tipos: excitadores e inhibidores. Así, un neurotransmisor puede aumentar o disminuir la probabilidad de que la célula con la que se contacta genere un potencial de acción.

Sinapsis eléctrica

En este tipo de conexión neuronal, la transmisión entre la primera y la segunda neuronas no es producida por la intervención de un neurotransmisor, sino por el paso de iones de una célula a otra, a través de uniones "gap" (pequeños canales formados por el acoplamiento de complejos de proteínas).

Las neuronas participantes en este tipo de sinapsis están separadas por apenas 3,5 nanómetros, una distancia mucho más pequeña que los 20 a 40 nanómetros que separan a las células durante una sinapsis química.

En el cuerpo humano, este tipo de sinapsis se produce en la retina, donde las señales nerviosas mantienen contracciones musculares firmes y rítmicas.

Sinapsis química

La sinapsis química se produce entre neuronas que liberan neurotransmisores. El proceso se caracteriza por una cadena de eventos: una señal eléctrica generada en una neurona (presináptica) ocasiona la liberación de una sustancia química (neurotransmisor) hacia la siguiente (postsináptica), la cual, al recibirla, genera otra señal eléctrica. De ese modo se transmite la mayor parte de la información en el sistema nervioso.

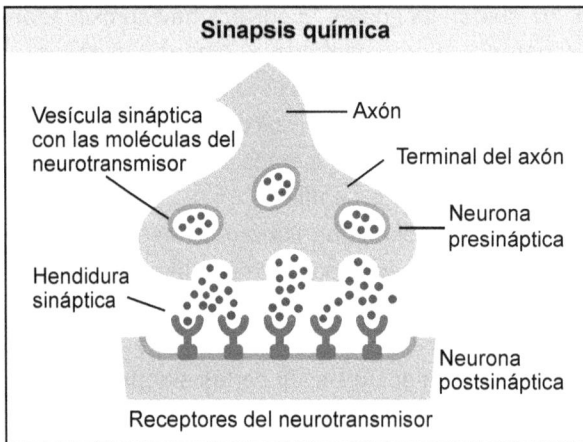

Síndrome de Tourette

Este trastorno consiste en la ejecución de movimientos o sonidos llamados tics, con poco o ningún control sobre ellos. Habitualmente se manifiesta antes de los 18 años y aún se desconoce su origen. No es pasible de tratamiento, salvo cuando su incidencia perjudica el normal desenvolvimiento de la vida cotidiana.

Sinestesia

Se denomina así a la percepción de un estímulo que, destinado a una parte del cuerpo o a un sentido, es captado por otra parte o por otro sentido. Un sujeto con capacidades sinestésicas puede saborear un color o escuchar una textura. También puede expresar cierta confusión de percepciones cuando coinciden varios estímulos en el mismo momento perceptivo.

Aunque aún no existe certeza acerca de sus causas, la mayoría de los estudiosos consideran que la sinestesia se produce merced a una activación cruzada de áreas adyacentes del cerebro que procesan diferentes informaciones sensoriales.

Sistema atencional anterior

La función de este sistema es hacer consciente la información transmitida por la red posterior del mecanismo atencional mediante la detección de objetos y su reconocimiento. Controla la atención dirigida a la acción y de él depende la habilidad para organizar los procesos de pensamiento de acuerdo con instrucciones o metas. Abarca zonas del cíngulo anterior, las cortezas prefrontales y dorsolaterales, y el núcleo caudado. Esta red se conoce también como "ejecutiva".

Sistema atencional posterior

Permite la ubicación espacial de los estímulos y posibilita focalizar la atención en los temas que interesan. También está relacionado con la exploración de imágenes recuperadas de la memoria (Posner, 1980). Comprende la corteza parietal posterior (con predominio de la zona derecha), el pulvinar lateral y el colículo superior. Este sistema es polisensorial, puesto que permite procesar la información desde el medio ambiente hacia los fenómenos internos.

Sistema colinérgico

Se dice del sistema en el cual la acetilcolina actúa como neurotransmisor para concretar una sinapsis. Un ejemplo de este tipo de sinapsis es el sistema nervioso parasimpático.

Sistema de recompensa del cerebro

Se trata de un circuito dopaminérgico (es decir, que transmite dopamina), responsable de generar estados de bienestar. Estos estados se almacenan en

distintos sistemas de la memoria e influyen en la motivación. La mayor parte de los procesos relacionados con este sistema se llevan a cabo de manera metaconsciente.

Las neurociencias corroboran que el cerebro humano es capaz de transformar las expectativas de recompensa en un mayor compromiso laboral.

▸ Ante la expectativa de ganancia, se activa el pallidum ventral.
▸ Este envía señales a las regiones motoras relacionadas con la recompensa.
▸ Las regiones motoras dirigen el comportamiento en función de la recompensa (aunque el individuo no sea consciente de ese proceso).

Sistema dopaminérgico

Se dice de aquel sistema que participa en la liberación de hormonas relacionadas con la felicidad, la libido, el apetito y el metabolismo corporal, además de estimular el proceso de memorización y mantener el funcionamiento del sistema inmunológico.

Sistema endocrino

Está formado por el conjunto de órganos y tejidos que segregan hormonas. Estas sustancias son liberadas en el torrente sanguíneo por las estructuras que integran el sistema y regulan así las funciones del organismo: el crecimiento, las características que lo definen como femenino o masculino, y las de la psiquis, fundamentalmente, el estado de ánimo. Asimismo, el sistema endocrino cumple un rol esencial en el metabolismo.

▸ Envía mensajeros químicos mediante sustancias que viajan por el torrente sanguíneo.
▸ Actúa como una red de comunicación celular que, en función de determinados estímulos, libera hormonas específicas.
▸ Las glándulas que participan en este sistema se denominan endocrinas debido, precisamente, a que sus secreciones se liberan directamente en la sangre.
▸ La ciencia que estudia este sistema es la endocrinología y su objeto de estudio e investigación comprende las propias glándulas, las sus-

tancias hormonales que estas glándulas producen, los efectos físicos y psíquicos relacionados con su funcionamiento y las enfermedades y trastornos debidos a alteraciones en el funcionamiento de cada una de las partes que componen este sistema.

▸ Las glándulas más representativas del sistema endocrino se caracterizan por una alta irrigación sanguínea y la presencia de vacuolas intracelulares, que son los sitios donde almacenan las hormonas.

▸ Aparte de las glándulas endocrinas especializadas para tal fin, existen otros órganos como el riñón, el hígado, el corazón y las gónadas, que también cumplen funciones endocrinas.

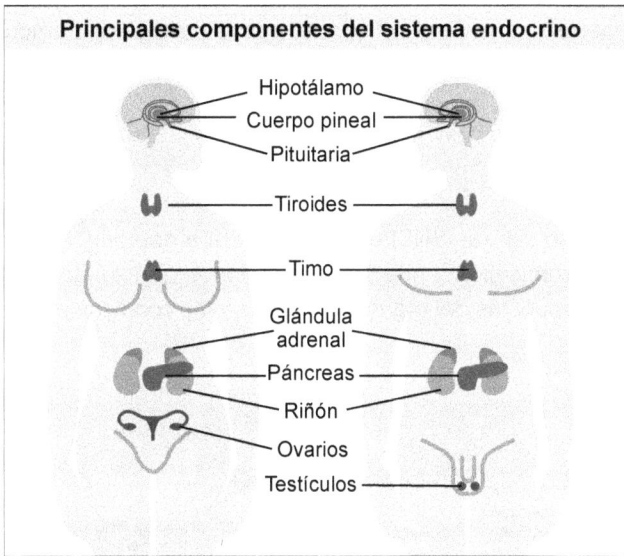

Principales componentes del sistema endocrino

Hipotálamo
Cuerpo pineal
Pituitaria
Tiroides
Timo
Glándula adrenal
Páncreas
Riñón
Ovarios
Testículos

Sistema límbico

Conjunto de vías neuronales que se ubican en lo profundo del cerebro, cubriendo la parte reptiliana que, en términos evolutivos, es una de las partes más antiguas del cerebro.

Las principales estructuras que forman este sistema son la amígdala, el hipocampo, el área septal, el núcleo accumbens, el bulbo olfatorio, algunos núcleos del tálamo y la corteza orbitofrontal.

El sistema límbico interacciona en forma dinámica con el sistema hormonal y con el sistema nervioso autónomo.

- ▶ Interviene en los procesos relacionados con la autoconservación (miedo, lucha, huida), con las emociones y con las respuestas fisiológicas relacionadas con ellas.
- ▶ Toma parte en el desempeño de las funciones ejecutivas que dependen de la atención y de la memoria, particularmente, la memoria emocional.
- ▶ Participa en el desencadenamiento de los instintos sexuales.
- ▶ Está presente en la sensación de bienestar y en el control de los estados de vigilia.
- ▶ Dos de sus principales estructuras, el hipocampo y la amígdala, tienen un rol decisivo en el aprendizaje, en la formación de la memoria de largo plazo y en la conducta.
- ▶ Interviene en el control del apetito y de las respuestas emocionales a la comida.

Sistema nervioso

El sistema nervioso central (SNC) es una estructura neuronal bilateral y casi simétrica de gran complejidad, que procesa millones de estímulos por segundo, adaptando las respuestas del organismo, tanto a las condiciones internas como a las externas.

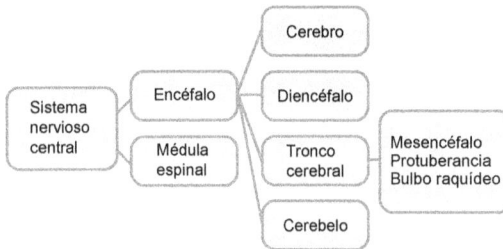

El sistema nervioso periférico (SNP) está compuesto por una red altamente ramificada de nervios conformados por fibras aferentes, que envían estímulos y señales al cerebro, y fibras eferentes, que emiten señales desde el cerebro hacia los miembros y los órganos. Lo integran dos grandes estructuras:

- ▶ El SNP somático, que responde al ambiente y relaciona al organismo con él. Abarca todos los nervios espinales que inervan la piel, las articulaciones y los músculos que se encuentran bajo control voluntario;

▸ El SNP autónomo, denominado también involuntario, vegetativo o visceral, porque está relacionado con el medio interno del cuerpo. Está formado por las neuronas que inervan los órganos, los vasos sanguíneos y las glándulas.

Ambos sistemas no actúan independientemente, sino que se hallan interrelacionados y cooperan entre sí.

El sistema nervioso humano

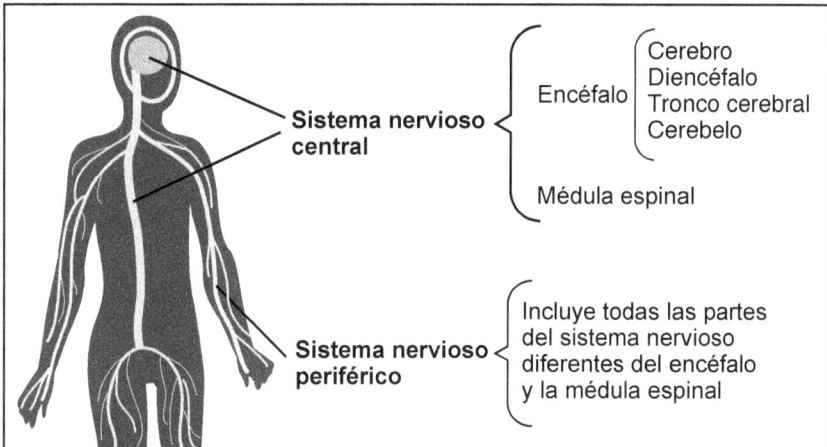

Sistema nervioso central
— Encéfalo
  - Cerebro
  - Diencéfalo
  - Tronco cerebral
  - Cerebelo
— Médula espinal

Sistema nervioso periférico
— Incluye todas las partes del sistema nervioso diferentes del encéfalo y la médula espinal

Sistema reptiliano

Evolutivamente, es la zona más antigua del cerebro. Se localiza en la parte baja y trasera del cráneo. En el centro de este sistema se encuentra el hipotálamo, que regula las conductas instintivas y las emociones primarias, tales como el hambre, los deseos sexuales o la temperatura corporal.

Sistema reticular activador ascendente (SARA)

Se denomina así a la estructura que se ocupa de los ciclos del sueño y la vigilia, entre otras funciones muy importantes, y está estrechamente relacionado con los mecanismos de la atención. Toda

Acceso directo
https://braidot.com/diccionario/qrp23

la información procedente de los sentidos llega primero al SARA. Su ingreso a otras zonas
del cerebro depende de la intensidad y/o de
la relevancia del estímulo para el sujeto que
lo experimenta.

SARA
Sistema reticular activador ascendente

Está integrado por una extensa red de
neuronas que se proyectan desde la zona
central del tronco cerebral hacia los hemisferios izquierdo y derecho. Esta proyección
atraviesa varias estructuras, entre ellas, la médula espinal, el tálamo y el hipotálamo, y tiene extensiones hacia el cerebelo.

Si bien la anatomía del SARA continúa siendo algo difusa, no hay dudas
sobre su participación en la atención y en los estados de alerta asociados a
ella. Asimismo, se ha observado que, en promedio y en comparación con las
demás, las neuronas del SARA son de mayor tamaño y tienen una carga eléctrica
superior. Algunos especialistas estiman que la carga asciende a 150 o 160 mi-
crovoltios, en promedio, y que los impulsos eléctricos denominados potenciales
de acción se pueden producir entre 40 y 70 veces en un minuto. Es por esto que
suele decirse que el SARA es la usina del sistema nervioso central.

Se calcula que el cerebro recibe aproximadamente 2 millones de estímulos por segundo y que la formación reticular —el conjunto de neuronas que se
extienden desde la médula espinal hasta el tálamo— actúa como un filtro que
selecciona del ambiente la información que considera de relevancia, y descarta
el resto. De esta manera, permite que una parte de los estímulos sean percibidos por la corteza cerebral, mientras que el resto permanece fuera del umbral
de conciencia (metaconciencia).

Cuando se produce el fenómeno cerebral de habituación, el SARA comienza a desconectarse.

Sistema somatosensorial

Este sistema reúne los centros de recepción y de proceso, cuya función es mo-
dular estímulos tales como el tacto, las posiciones adoptadas por el cuerpo,
la sensación de dolor, etc. Los receptores sensoriales están presentes para la
captación de estímulos en la piel, el epitelio, el sistema musculoesquelético, los
huesos y articulaciones, los órganos internos y el sistema cardiovascular.

Somestesia

El término somestesia hace referencia a la función de los sentidos del cuerpo producida por los sistemas somatosensoriales. Hace referencia a las sensaciones que se perciben con todo el cuerpo, como la temperatura, la presión y el dolor, y que, a diferencia de la vista, el oído, etc., no están localizadas en un órgano concreto.

Sueño

Se define como sueño al estado de reposo del organismo caracterizado por bajos niveles de actividad fisiológica (presión sanguínea, respiración), así como también a una respuesta atenuada o inexistente ante estímulos externos. Su opuesto es el estado de vigilia.

El sueño está conformado por una sucesión ordenada de etapas que se repiten durante cuatro o cinco ciclos: la fase NO REM, que comprende el sueño ligero y que, gradualmente, avanza hacia el sueño profundo, y la fase REM, caracterizada por movimientos oculares rápidos.

Durante el sueño, la información que registra el cerebro durante la vigilia se transfiere desde la región del hipocampo hacia la corteza cerebral. Ambas estructuras poseen un rol determinante en aspectos cognitivos, como la consolidación de recuerdos.

Etapas del sueño

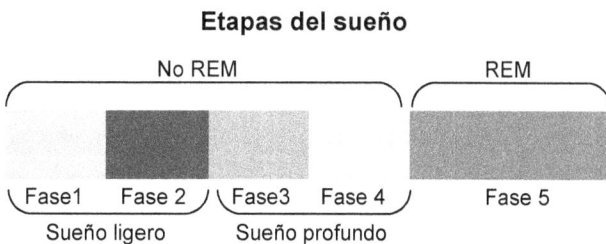

No REM				REM
Fase1	Fase 2	Fase3	Fase 4	Fase 5
Sueño ligero		Sueño profundo		

La etapa REM es así llamada por su denominación en inglés *rapid eye movement* (movimientos oculares rápidos). La expresión alude al característico movimiento de los ojos detrás de los párpados, que indica que el cerebro está muy activo cuando se duerme.

Si prácticamente el cuerpo no se mueve, es porque el tronco cerebral bloquea el trabajo de las neuronas motoras. Se calcula que el 85% de los sueños muy vívidos se producen en esta etapa.

La etapa NO REM tiene diferentes momentos. Al principio, puede haber despertares, aunque los ojos se muevan lentamente y la actividad muscular se enlentezca. Luego, el sueño se hace más profundo, el movimiento de los ojos se detiene y el tono muscular se reduce hasta que comienza realmente el descanso. En los últimos minutos del sueño NO REM comienza el sueño profundo.

El sueño de calidad es imprescindible para el buen funcionamiento cerebral. Las investigaciones en neurociencias han demostrado que interviene en la neuroplasticidad, la memoria, la atención, la motivación, el aprendizaje y la creatividad. También ha sido comprobado que disminuye el estrés, aumenta la productividad laboral y tiene una función reparadora para el organismo, el bienestar emocional y la salud.

Durante el sueño el cerebro continúa procesando estímulos sensoriales que integra de forma parcial en las ensoñaciones, y se ha observado que algunos de ellos (como sonidos o agua sobre la piel) tienen influencia en él. Por ejemplo, los olores no suelen alterar el contenido de los sueños, pero pueden influir en las emociones y sensaciones que se experimentan en esos momentos.

Lejos de ser un estado de inactividad, el sueño es un estado de gran actividad. Las funciones cognitivas más afectadas por la escasez, ausencia o interrupción de las horas de sueño son la atención y la memoria, y se ha observado que la falta de sueño reduce la neurogénesis, propicia la formación de falsos recuerdos y aumenta la toma de decisiones impulsivas, conduciendo a errores y arrepentimientos.

El rol del hipocampo durante el sueño

El hipocampo contribuye a la formación del contenido de los sueños y, posteriormente, de los recuerdos, porque su actividad aumenta durante la fase REM.

Mediante la conexión entre el hipocampo y la amígdala, el cerebro registra las emociones vinculadas a hechos contextuales que pasan a los almacenes de memoria.

Se ha descubierto que, además de intervenir en los registros de las memorias conscientes, el hipocampo actúa como mediador en memorias episódicas que no emergen a la conciencia.

Surcos

Así son denominados los pliegues localizados entre las circunvoluciones del cerebro.

Sustancia blanca

Es la parte del sistema nervioso compuesta esencialmente por axones de neuronas. Se puede encontrar con más facilidad en las estructuras internas del cerebro y en la parte más externa de la médula. El color que le da nombre se debe a la presencia de mielina, sustancia que recubre los axones de gran parte de las neuronas. Tiene como función esencial la de acelerar la transmisión de la información.

Sustancia gris

También llamada materia gris, esta sustancia es uno de los principales componentes del sistema nervioso central. Abarca las zonas de color grisáceo y está integrada principalmente por somas neuronales, dendritas sin mielina y células gliales.

La mayor cantidad de sustancia gris se encuentra en la corteza cerebral, en la superficie de los hemisferios cerebrales y en la superficie del cerebelo. Sin embargo, también se la puede encontrar en zonas profundas del cerebro y el cerebelo, así como en la médula espinal.

La sustancia gris se relaciona con el procesamiento de información y no con su transmisión, puesto que no puede enviar impulsos nerviosos de manera rápida.

Sustancia negra

Localizada bajo el tálamo, la sustancia negra toma su color de la neuromelanina. Es muy rica en dopamina y algunos autores la consideran generadora de este neurotransmisor. En función de la densidad neuronal, esta sustancia ha sido clasificada como reticulada y compacta. La sustancia negra reticulada contiene en su mayor parte neuronas GABA, mientras que la sustancia negra compacta se caracteriza por altas concentraciones de dopamina.

Aún se desconoce la totalidad de sus funciones, aunque ya han sido detectados muchos de los mecanismos en los que interviene.

▸ Está involucrada en los circuitos de recompensa del cerebro. La sustancia negra compacta contiene neuronas dopaminérgicas que envían señales hacia el cuerpo estriado. La muerte de neuronas en esta zona está relacionada con la enfermedad de Parkinson y con la epilepsia.

▸ Interviene en la repetición de señales relacionadas con el movimiento. Las personas que sufren lesiones en la sustancia negra pueden tener dificultades de coordinación y, en casos extremos, padecer la enfermedad de Parkinson.

Sustancia reticular

Área del sistema nervioso compuesta por una mezcla de cuerpos celulares y axones, que es la que le da su apariencia similar a una red con manchas grises y blancas.

T
· · · · · · ·

Tálamo

Es una estructura neuronal de forma ovalada, más o menos simétrica, constituida fundamentalmente por sustancia gris. En una persona adulta, el tálamo mide aproximadamente 3 x 1,5 cm de ancho. Hasta hace poco, fue considerado una especie de "estación de relevo". Sin embargo, posteriormente se descubrió que no solo procesa la información, sino que tiene un rol activo en varias funciones.

- ▸ Participa de los sistemas de percepción. La información procedente de los sentidos, con excepción del olfato, ingresa a través del tálamo y luego se dirige a las áreas específicas de la corteza.
- ▸ Interviene en el sistema somatosensitivo, es decir, en la percepción de la temperatura, del dolor y del reconocimiento de objetos a través del tacto.
- ▸ Está involucrado en el control de algunos movimientos debido a la información procedente del cerebelo y de la corteza motora.
- ▸ Regula funciones de la corteza asociativa y tiene participación en el desempeño de funciones cognitivas como el lenguaje, la atención y el habla.
- ▸ Está relacionado con funciones lingüísticas, entre ellas, la integración de los mecanismos motores del habla. Se ha observado que las conexiones existentes entre el tálamo y la corteza cerebral son muy importantes para constituir el lenguaje. Participa en el proceso de aprendizaje, en la memoria y en la elaboración de algunas emociones, puesto que la corteza límbica recibe fundamentalmente eferencias del núcleo talámico anterior.
- ▸ Interviene en los estados de conciencia. Existen estudios con neuroimágenes que muestran variaciones en el flujo sanguíneo del tálamo, en función del grado de conciencia del individuo.
- ▸ Si bien ya han sido identificadas muchas de las funciones del tálamo, hay algunas que aún se desconocen, debido a que esta pequeña estructura contiene una gran cantidad de núcleos y muchos de ellos tienen, a su vez, subdivisiones microscópicas que complican el estudio de sus conexiones y su actividad funcional.

Taurina

Es el segundo aminoácido más abundante del tejido muscular (incluido el cardía-co) después de la glutamina. Tiene un rol esencial en la formación de la bilis, en la solubilidad del colesterol e interviene en la función ocular. En el cerebro, actúa como modulador e inhibidor de algunos neurotransmisores.

Esta sustancia se hizo popular por el auge de las bebidas energéticas, que la incorporan en forma sintética, aunque existe en varios alimentos, principal-mente en los mariscos y el pulpo, y es elaborada naturalmente por el organismo.

Los niveles adecuados de taurina benefician el desempeño del sistema neuromotor, la atención y el estado físico de alto rendimiento, y tienen un efecto antiarritmia. Cuando se incorpora en forma sintética, esta sustancia puede gene-rar hipertensión, afecciones cardíacas y crisis convulsivas, entre otros problemas; por ello se desaconseja su consumo bajo esta modalidad.

Telencéfalo

Se trata de la parte anterior, más voluminosa y más desarrollada del encéfalo, y la más alejada de la médula. Cubre el diencéfalo a modo de casco, lo que otorga al cerebro la superficie de pliegues característicos con los que habitualmente se lo identifica.

El telencéfalo presenta un grado de evolución diferente en los distintos gru-pos de vertebrados y es entre los mamíferos donde adquiere mayor desarrollo. Está formado por dos hemisferios, separados parcialmente por un surco o cisura. En el interior de los hemisferios se localizan el primer y segundo ventrículos.

Puesto que se trata de la parte más superficial del encéfalo, gran parte de la información que arriba al telencéfalo llega preprocesada por otras áreas del pensamiento.

Teoría de la mente

También conocida como metacognición, explica la habilidad para hacer conscien-tes las diferencias en la estructura de pensamiento de uno mismo y de otras personas.

Esta alternativa permite considerar el pensamiento de terceros, sin que esto implique concordancia con los propios.

Merced a esta capacidad es posible atribuir de manera automática, ideas, aspiraciones, intenciones y creencias, al resto de los sujetos con los que se interactúa, sin conciencia específica.

Es esta una condición que los seres humanos desarrollan hacia los 4 años. Su aparición permite comprender que los terceros tienen sus propios deseos e intenciones, una gama de estados psicológicos personales que difieren en cada individuo.

Testosterona

Es la principal hormona sexual masculina, perteneciente al conjunto de las andrógenas. Tiene un rol central en el desarrollo normal de los espermatozoides y se cree que el mayor tamaño del cerebro masculino –en comparación con el femenino– se debe a sus niveles elevados. Asimismo, se ha relacionado en forma directa un nivel superior de testosterona con un mayor desarrollo del hemisferio cerebral derecho, del que dependen las habilidades visuales, espaciales y geométricas.

Acceso directo
https://braidot.com/diccionario/qrp24

En cambio, se cree que un menor nivel de testosterona en el cerebro femenino determina que las células cerebrales desarrollen más conexiones en los centros de comunicación y en las áreas que procesan emociones.

En el varón, el flujo de testosterona disminuye naturalmente alrededor de los 60 años, con lo cual se reducen los estados de ira y agresividad y, en algunos casos, el comportamiento pasa a ser más cariñoso y afectivo.

También en las mujeres, esta hormona es esencial para la salud y el bienestar, como también para la prevención de la osteoporosis.

Tiroides

Se trata de una glándula endocrina situada en la parte anterior y superior de la tráquea. En una persona adulta, su peso oscila entre los 15 y los 30 gramos. Presenta dos lóbulos en forma de mariposa, uno a cada lado de la tráquea. La glándula tiroides segrega hormonas que regulan el metabolismo y el crecimiento.

El caudal de hormona tiroidea en la sangre puede determinar ciertos desajustes de funcionamiento en el organismo. Cuando sus niveles están bajos (hipotiroidismo), el cuerpo funciona más lentamente; en cambio, cuando están elevados (hipertiroidismo), el organismo se acelera.

La glándula tiroides está controlada por la hipófisis y esta por el hipotálamo.

Tomografía computarizada (TC)

Procedimiento tecnológico utilizado para el diagnóstico por medio de imágenes. Un equipo de rayos X especial permite crear imágenes transversales del cuerpo, para explorar huesos fracturados, cuadros cardíacos, para efectuar escaneos cerebrales, y para evaluar afecciones sanguíneas, etcétera.

Para la toma de imágenes, el sujeto debe permanecer inmóvil sobre una camilla. Esta ingresa muy lentamente por un equipo tubular de gran porte, que procede a tomar las imágenes.

Algunos de los registros requieren que el individuo reciba algún tinte de contraste, lo que permite una mejor lectura.

Tomografía por emisión de positrones (PET)

PET, del inglés *positron emission tomography*, es un procedimiento de diagnóstico por imágenes propio de la medicina nuclear, que se usa para analizar la función de órganos y tejidos. Por lo común se emplean equipos que combinan este estudio con la tomografía computarizada llamados TEP/TC.

El procedimiento se realiza del mismo modo que la tomografía computarizada. La diferencia consiste en que, para concretar el estudio, una pequeña cantidad de material radiactivo se administra por vía venosa. Este marcador viaja por el torrente sanguíneo y se instala en órganos y tejidos, de modo que el profesional puede visualizar más claramente las áreas de interés.

Trastornos del sueño

Dícese de los procesos que producen un sueño interrumpido, poco reparador, dificultoso, irregular, etcétera.

Independientemente de su origen, deben ser tratados inmediatamente, puesto que afectan funciones cerebrales clave como la atención, la concentración, la memoria y el aprendizaje.

Un sujeto que atraviesa un proceso de trastorno del sueño tendrá dificultades en el desempeño de sus funciones ejecutivas, no solo porque el cansancio las afecta sino también porque los procesos cognitivos no se detienen cuando descansa.

La especialidad que se ocupa de este trastorno es la medicina del sueño. Una vez obtenido el diagnóstico mediante polisomnografías y tests neuropsicológicos (entre otras técnicas), los tratamientos se focalizan en la "higiene del sueño", que comprende una serie de hábitos que ayudan a conciliar y mantener el sueño; entre ellos, actividad física, horarios y tipo de alimentación a la hora de la cena, reducción o eliminación del consumo de alcohol, cafeína y otras sustancias, y generación de un ambiente especial para dormir: ausencia de pantallas en la habitación, temperatura adecuada, ventilación y silencio. Entre las técnicas más eficaces para conciliar y mantener el sueño se encuentran las de relajación y meditación.

Tronco cerebral

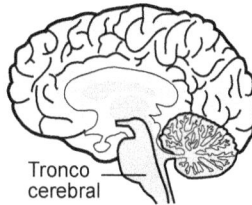

Tronco cerebral

Es la parte del cerebro integrada por el mesencéfalo, la protuberancia anular (o puente troncoencefálico) y el bulbo raquídeo.

Es la zona de mayor comunicación entre la parte anterior del cerebro, la médula espinal y los nervios del sistema periférico.

El tronco cerebral controla funciones vitales, como la respiración, la regulación del ritmo cardíaco y la circulación sanguínea. También actúa en la contracción de los músculos que funcionan automáticamente, como los del corazón y del estómago, indicándole a cada uno que concrete su acción.

Por el tronco cerebral pasan las fibras ascendentes procedentes de la médula espinal y las descendentes que se dirigen a ella. Varias de estas fibras se conectan con neuronas de la formación reticular, facilitando el funcionamiento de los reflejos.

V
......

Vaina de mielina

Es la capa aislante que recubre los nervios y está compuesta por proteína y sustancias grasas. Permite la transmisión rápida y eficiente de los impulsos eléctricos a lo largo de las neuronas. Si se daña, ese recorrido se torna más lento, lo cual puede causar patologías.

Vesícula sináptica

Se denomina así a las moléculas que almacenan los neurotransmisores. Poseen un papel fundamental en el proceso de liberación del neurotransmisor, mediante el mecanismo de exocitosis.

Las vesículas sinápticas se forman en el soma neuronal y desde allí son transportadas hasta las terminales nerviosas. Después de participar en el proceso de liberación del neurotransmisor, pueden ser reutilizadas, gracias al proceso de reciclaje de membranas que maneja la neurona.

Bibliografía

Adolphs R., Tranel D. "Preferences for visual stimuli following amygdala damage". *Journal of Cognitive Neuroscience* 1999; 11:610-6.

Alajouanine T. "Aphasia and artistic realization". *Brain,* 1948; 71:229-41.

Albert R. S, Runco, M. A. *A history of research on creativity.* En R. J. Sternberg (Ed.), *Handbook of creativity.* New York, Cambridge University Press, 1999; 16-31.

Allen G. *Physiological aesthetics.* 1877, London: Henry S. King & Co.

Ambrose S. H. "Paleolithic Technology and Human Evolution". *Science,* 2001; 291:1.748-53.

Anderson R. L. *Art in small-scale societies* (2nd ed.). Englewood Cliffs, NJ: Prentice Hall, 1989.

Anderson R. A. *Calliope's sisters. A comparative study of philosophies of art* (2 ed.). Upper Saddle River, JN: Pearson Prentice Hall, 2004.

Asociación Educar, www.asociacioneducar.com

Bonder, Gloria. *Los estudios de la mujer y la crítica epistemológica a los paradigmas de las Ciencias Humanas,* Buenos Aires, CEM, 1986.

Braidot, Néstor. *Sácale partido a tu cerebro.* Granica, Buenos Aires, 2012.

Braidot, Néstor. *Neuromanagement. Del management al neuromanagement: la revolución neurocientífica en las organizaciones.* Granica, Buenos Aires, 2013.

Braidot, Néstor. *Neuropack.* Granica, Buenos Aires, 2014.

Braidot, Néstor. *Neurociencias para tu vida.* Granica, Buenos Aires, 2016.

Davidson R., Putnamk K., Larson C. "Dysfunction in the neural circuitry of emotion regulation: a possible prelude to violence". *Science.* 2000, 289: 591-594.

De Beauvoir, Simone. *El Segundo sexo,* España, Editions Gallimard, 1949.

Jiménez, Vélez, C. A. *Pedagogía de la creatividad y de la lúdica.* Santafé de Bogotá: Cooperativa Editorial Magisterio, 1998.

Horng, J., J. Hong, L. Chaling, S. Chang y H. Chu. "Creative teachers and creative teaching strategies", *International Journal of Consumer Studies,* 29, 4, p. 352-358, 2005.

Lacan, J. *La Familia,* Buenos Aires, Axis, 1948.

Pereda, Carlos. *La identidad en conflicto, Revista Filosofía Política,* UNAM, México, 1997.

Pemoud, Régine. *Revista de Antropología y Cultura Cristianas.* HUMANITAS, N° 6, 1977.

Roudinesco, E. *La familia en desorden,* Buenos Aires, Fondo de Cultura Económica de Argentina, 2002.

Simpson J., Snyder A., Gusnard D., Raichle M. Emotion induced changes in human medial prefrontal cortex I: during cognitive task performance. *PNAS.* 2001, 98: 683-687.

University of Hertfordshire. First concrete evidence that women are better multitaskers than men. *ScienceDaily,* 2010.

Wilson, K.G., y Luciano, M.C. *Terapia de aceptación y compromiso: un tratamiento conductual centrado en los valores.* Madrid: Pirámide, 2002.

www.ingramcontent.com/pod-product-compliance
Lightning Source LLC
Chambersburg PA
CBHW072012040426

42447CB00009B/1600